FISCH UND MEERESFRÜCHTE

DIE GU KÜCHENBIBLIOTHEK

FISCH UND MEERESFRÜCHTE

DIE GU KÜCHENBIBLIOTHEK

Rezeptfotos: Michael Brauner
Fotos Warenkunde und Küchentechnik: Studio Teubner, Stock Food

Rezepte:
Cornelia Adam
Erika Casparek-Türkkan
Rose Marie Donhauser
Margareth Schmuck

Inhalt

DIE PERFEKTE FISCHKÜCHE

Fisch erfreut sich steigender Beliebtheit, denn immer mehr Menschen wissen, daß er alle Anforderungen an eine gesunde Ernährungsweise erfüllt: Fisch ist leicht verdaulich, kalorienarm und gesund.

Fisch in unserer Ernährung

Die biologische Wertigkeit von Fisch ist höher als die von Fleisch.

Fisch besteht bis zu 20% aus hochwertigem **Eiweiß** (Protein) mit allen essentiellen (lebenswichtigen) Aminosäuren. Die unterschiedliche Aminosäurenzusammensetzung der Lebensmittel bestimmt ihre biologische Wertigkeit. Fisch steht hier gleich nach der Muttermilch – noch vor Kuhmilch und Fleisch. Eiweiß ist ein unentbehrlicher Nährstoff und Baustein für Körperzellen, Gewebe und Hormone. Der Körper benötigt davon täglich 0,8 g pro Kilo Körpergewicht. Der Anteil an der gesamten Kalorienzufuhr sollte 12–15% sein (1 g Eiweiß enthält 4,1 Kalorien). Kombinationen aus tierischem und pflanzlichem Eiweiß kann der Körper am besten verwerten.

Fisch enthält reichlich ungesättigte Fettsäuren, die das Herzinfarktrisiko senken und den Cholesterinspiegel positiv beeinflussen

Fett ist in allen tierischen Produkten enthalten. Fett liefert pro Gramm doppelt so viel Kalorien wie Eiweiß und Kohlenhydrate. Es ist Träger der wichtigen Vitamine A, D und E – sie sind fettlöslich und ohne Fett gar nicht verwertbar. Wir sollten nicht mehr als 25–30% der täglichen Energie in Form von Fett zu uns nehmen, das sind 60–80 g. Tatsächlich essen viele von uns täglich 130–150 g Fett, etwa das Doppelte von dem, was uns guttut. Meeresfrüchte und die meisten Fische sind fettarm. Fettreichere Fische wie Makrelen, Lachs und Heringe enthalten auch die Omega-3-Fettsäuren, die den Blutfettspiegel senken. Außerdem sind fette Fische reich an Vitamin A und D.

Einmal pro Woche ein Gericht mit Salzwasserfisch sichert die Jodversorgung

Fisch enthält zahlreiche **Mineralstoffe** wie Kalium, Calcium, Phosphor, Fluor und Eisen. Ebenfalls ein wichtiger Mineralstoff ist das Jod in Salzwasserfischen, das vor allem in Süddeutschland ein Mangelelement darstellt. Jod ist ein Spurenelement, also ein Mineralstoff, der nur in winzigen Mengen aufgenommen werden muß. Allerdings ist er lebensnotwendig. Der Körper benötigt täglich 0,1–0,2 Milligramm Jod, in 100 Gramm Seefisch sind bereits 0,2 mg enthalten.
Fischfleisch enthält kaum Bindegewebe und ist daher weich, schnell gar und leicht verdaulich.

Fisch in der Küche

Fisch darf nicht intensiv riechen und muß appetitlich aussehen

Frische ist besonders wichtig, denn Fisch und Meeresfrüchte sind empfindliche Lebensmittel, die rasch verderben. Daher müssen Sie darauf achten, nur wirklich frischen Fisch zu kaufen. Die beste Qualität (und auch Beratung) bekommen Sie bei einem Fischhändler, den Sie kennen und dem Sie vertrauen können. Wie frischer Fisch riechen und aussehen muß, erfahren Sie auch auf Seite 29.
Ein Ersatz für frischen Fisch ist TK-Fisch, der meist schon auf den Fangschiffen filetiert und eingefroren wird. Bei uns ist das Angebot an TK-Fisch aber ziemlich gering und besteht überwiegend aus Fischfilets. Nehmen Sie den Fisch zum Auftauen aus der Packung und legen ihn in ein Sieb, damit er nicht in der Flüssigkeit liegt. Nach dem Auftauen sollte er möglichst rasch verarbeitet werden.

Die Sorten

In den Rezepten dieses Buches ist immer ein bestimmter Fisch angegeben. Falls Sie ihn einmal nicht bekommen, fragen Sie Ihren Fischhändler, was Sie ersatzweise nehmen können. Wenn Sie ihm sagen, wie der Fisch zubereitet werden soll, weiß er sicher Rat. Und: Wenn der Fisch einmal ein anderes Gewicht hat als der im Rezept angegebene, finden Sie Richtwerte für die Garzeit in der Garzeitentabelle auf S. 39.

Die Mengen

Rechnen Sie pro Person mit 150–200 g Fischfilet, bzw. 250–300 g von einem ganzen Fisch, der ja mit Gräten, Kopf und Flossen verkauft wird.

Fisch aufbewahren

Lagern Sie Fisch nicht in der Verpackung, in der Sie ihn gekauft haben. Am besten bewahren Sie Fisch in einem zugedeckten Porzellanteller auf

Nicht immer wird man Fisch am Einkaufstag auch zubereiten. Fragen Sie Ihren Fischhändler, wie lange Sie den Fisch noch lagern können, denn nur er weiß, wann er geliefert wurde. Nehmen Sie den Fisch zu Hause gleich aus der Verpackung und legen ihn in einen Teller. Dann mit einem weiteren Teller abdecken und bis zur Zubereitung in den Kühlschrank stellen.

Zubereitung und Garmethoden

Fisch darf nicht zu lange und nicht bei zu starker Hitze gegart werden, sonst wird er leicht trocken und verliert Aroma. Am besten geeignet ist Dämpfen, Dünsten, Schmoren und Braten. Fette Fische lassen sich auch gut grillen. Ausführliche Informationen zu den Garmethoden finden Sie in der Küchentechnik (Seite 36–38).

WEGWEISER ZUM REZEPT

Damit Sie für jede Gelegenheit leicht die richtige Wahl treffen, folgt auf den nächsten Seiten der Wegweiser zum richtigen Rezept. Er enthält alle wichtigen Informationen über die Rezepte samt ihren Eigenschaften und erschließt Ihnen die Vielfalt des Buches auf einen Blick.
Dazu wurde jedes Rezept geprüft, klassifiziert und mit Wertmarken wie »Gelingt leicht«, »Schnell« oder »Für Gäste« versehen. Da die meisten Rezepte mehrere Eigenschaften haben, und jeder Wertmarke eine Farbe zugeordnet ist, ist eine richtig bunte und informative Tabelle entstanden.
Die jeweils wichtigste Wertmarke, die das Rezept am besten charakterisiert, finden Sie farblich hervorgehoben auf den Rezeptseiten wieder.

Die Kalorien
Zu jedem Rezept erfahren Sie den Kaloriengehalt pro Portion und den Fettanteil in Gramm pro Portion. Vorspeisen, Snacks und Suppen bis 200 Kalorien pro Portion, Zwischengerichte bis 300 Kalorien und Hauptgerichte bis 400 Kalorien haben von uns die Wertmarke **Für die schlanke Linie** bekommen. Hier können Sie auf einen Blick sehen, ob Sie sich mit etwas eher Schlankem verwöhnen möchten oder mal ganz üppig genießen.

Die Zeit
Zeit – ein wichtiger Aspekt nicht nur für alle diejenigen, die jeden Tag kochen müssen. In der Tabelle finden Sie die Zubereitungszeiten und (in Klammern) die Zeit für Marinieren, Abkühlen etc. Alle Rezepte, die in maximal 30 Minuten zubereitet sind, und zwar vom ersten Handgriff bis zum Servieren, haben die Wertmarke **Schnell**.
Ebenfalls unter dem Zeitaspekt ist es interessant, ob Gerichte gut vorzubereiten sind. Rezepte mit der Wertmarke **Läßt sich gut vorbereiten** werden entweder am Tag vorher oder einige Stunden vorher zubereitet und sind dann mit wenigen Handgriffen servierfertig.

Der Schwierigkeitsgrad
Besonders unkomplizierte Rezepte, die von Ungeübten problemlos zu bewältigen sind, sind mit **Gelingt leicht** gekennzeichnet. Rezepte **für Geübte** sind entsprechend markiert. Selbstverständlich können auch diese von Ungeübten nachgekocht werden; sie erfordern einfach etwas mehr Ruhe und Konzentration, z. B. wegen einer besonderen Zubereitungsart.

Weitere Eigenschaften
Interessante Rezepte mit kostengünstigen Zutaten sind unter der Rubrik **Preiswert** zu finden. Außerdem können Sie auf einen Blick alle Gerichte erkennen, die sich **fürs Buffet** eignen, da sie lauwarm oder kalt ebenso gut schmecken wie warm und außerdem gut etwas länger stehen können. Und in der Rubrik **Spezialität aus** erfahren Sie, woher die Gerichte stammen.

Der besondere Anlaß
Mit dem Vermerk **für Gäste** sind Rezepte versehen, die nicht alltäglich sind. Einige davon sind etwas aufwendiger in der Zubereitung, für andere brauchen Sie besondere Zutaten, aber viele sind schnell gekocht, lassen sich gut vorbereiten und gelingen leicht. Eines haben sie in jedem Fall gemeinsam: Das Ergebnis ist beeindruckend.

Unendlich viele Kombinationsmöglichkeiten
Nun sehen Sie schon, daß es wichtig ist, mehrere Eigenschaften der Rezepte zu kennen, um das richtige für jeden Anlaß auszuwählen. Manchmal braucht man eben ein **schnelles** Rezept **für Gäste** oder eins, das **leicht gelingt** und sich für den nächsten Tag **gut vorbereiten** läßt.

Das besondere Rezept !

Einige Rezepte des Buches haben wir als besondere Rezepte hervorgehoben. Anhand dieser Beispiele wird erklärt, welche Eigenschaften dieses Rezept zu einem Gästerezept machen, warum ein anderes so gut vorzubereiten ist und warum das dritte so schnell ist. Dazu gibt es Tips, wie es noch feiner, noch schneller, noch praktischer wird.
Die besonderen Rezepte sind im Buch leicht zu finden, der Text steht auf einer gelben Seite.

GU-WEGWEISER ZUM RICHTIGEN REZEPT

Seite	Rezept	Zubereitungs-zeit	Kalorien	Fett in Gramm	Für die schlanke L
	VORSPEISEN				
42	Rotbarben mit Radicchio	45 Min	360	26	
43	Pochierte Muscheln auf Gemüse	1 Std.	330	21	
44	Gebeizte Saiblingsfilets	30 Min. (+ 24 Std.)	310	8	
44	Fisch-Carpaccio	40 Min.	330	26	
45	Graved Lachs	45 Min. (+ 3 Tage)	260	17	
46	Lachs auf Tomaten-Ingwer-Confit	1 Std. (+ 8 – 12 Std.)	480	34	
47	Jakobsmuscheln auf Blattsalaten	25 Min.	230	16	
47	Marinierter Kabeljau	25 Min. (+ 30 Min.)	230	16	
48	Blini mit Kaviar	45 Min. (+ 1 Std.)	500	33	
48	Räucherlachs mit Dillgurken	20 Min. (+ 1 Std.)	140	6	■
49	Fischtatar mit Gemüsecarpaccio	40 Min.	180	11	■
51	Forellen-Lachs-Terrine mit Champagnersauce	50 Min. (+ 1 Std.)	430	34	
52	Sülze von Aal und Lachs	2 Std. (+ 2 Std.)	330	26	
53	Makrelenmousse mit Feldsalat	30 Min (+ 30 Min.)	290	22	
53	Forellen-Tomaten-Schaum	45 Min. (+ 3 Std.)	190	14	■
54	Überbackene Austern	40 Min.	210	17	
54	Kräutermuscheln	40 Min.	210	13	
55	Meeresfrüchtesalat	30 Min.	100	1	■
56	Matjes mit Apfel-Rahm	30 Min. (+ 2 Std.)	360	30	
57	Heringssalat mit roten Beeten	45 Min. (+ 30 Min.)	260	14	
57	Heringssalat mit Walnüssen	50 Min.	330	21	
58	Knoblauch-Garnelen	20 Min.	290	21	
58	Shrimpscocktail mit Avocado	20 Min.	380	33	
59	Krebssalat mit Gemüsevinaigrette	1 1/2 Std.	430	32	
	SUPPEN UND EINTÖPFE				
62	Cremesuppe aus Räucherfisch	25 Min.	290	21	
62	Kräuter-Sahnesuppe mit Schillerlocken	30 Min.	480	39	
63	Fischsuppe mit Blätterteighaube	45 Min.	430	22	
64	Muschelsuppe mit Gemüseblumen	1 Std.	550	39	
65	Fischsuppe mit Tomaten	45 Min.	360	18	
65	Kabeljau in Gemüse-Essenz	1 1/2 Std.	150	3	■
66	Rote-Beten-Suppe mit Hechtklößchen	1 Std.	400	19	
67	Dillsuppe mit Forellennockerln	1 Std.	550	47	
68	Exotische Fischsuppe	1 Std.	310	12	
69	Bouillabaisse	2 Std.	480	10	
70	Fischtopf mit Oliven	50 Min.	480	27	
70	Knoblauchfisch	1 Std.	360	9	
71	Karpfengulasch	1 Std.	450	30	

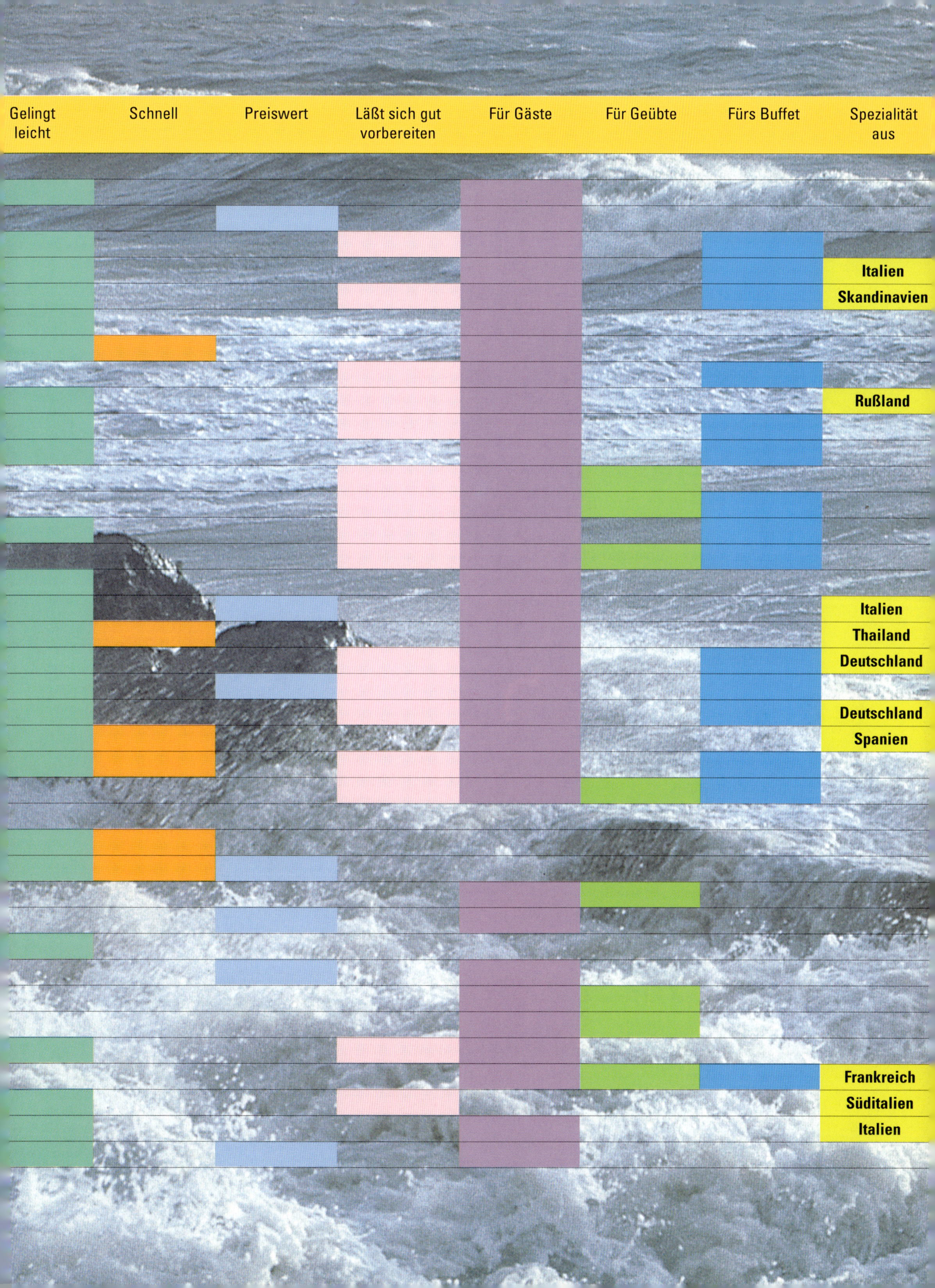

Gelingt leicht
Schnell
Preiswert
Läßt sich gut vorbereiten
Für Gäste
Für Geübte
Fürs Buffet
Spezialität aus
Italien
Skandinavien
Rußland
Italien
Thailand
Deutschland
Deutschland
Spanien
Frankreich
Süditalien
Italien

GU-WEGWEISER ZUM RICHTIGEN REZEPT

Gelingt leicht
Schnell
Preiswert
Läßt sich gut vorbereiten
Für Gäste
Für Geübte
Fürs Buffet
Spezialität aus
China
Portugal
Spanien
Italien
Deutschland
Süddeutschland

GU-WEGWEISER ZUM RICHTIGEN REZEPT

Seite	Rezept	Zubereitungszeit	Kalorien	Fett in Gramm	Für die schlanke L
108	Fischpudding mit Morcheln	2 Std.	690	52	
109	Zandersoufflé	1 Std.	330	25	■
	AUS DEM MEER				
112	Paniertes Rotbarschfilet	30 Min.	550	33	
112	Kabeljau in Erdnußkruste	25 Min.	360	22	■
113	Rotbarschfilet mit Zitronen-Dillsauce	35 Min.	500	32	
114	Gefüllte Makrelen	50 Min.	740	48	
115	Nordische Speckscholle	45 Min.	670	41	
115	Rotbarben mit Zitrone	45 Min.	640	32	
116	Schwertfisch in Weinblättern	1 1/2 Std.	430	18	
116	Schollenfilets asiatisch	55 Min.	180	2	■
117	Steinbeißer in Folie	1 Std.	330	16	■
118	Seeteufel auf Basilikumsauce	30 Min.	430	29	
118	Pfeffer-Lachs-Steak	30 Min. (+ 30 Min.)	620	48	
119	Seeteufelmedaillons auf Zuckerschoten	1 1/2 Std.	380	15	■
121	Gefüllte Seezunge mit Olivensauce	1 1/4 Std.	640	44	
122	Seezungenröllchen in Portweinbutter	1 Std.	690	35	
123	Petersfisch auf Blattspinat	1 Std.	500	18	
124	Red Snapper auf Veracruz-Art	45 Min.	330	12	■
125	Fish & Chips	1 Std.	670	34	
126	Brasse mit Fenchel	50 Min.	640	36	
126	Kabeljau in Petersilienöl	1 Std.	260	12	■
127	Gefüllte Sardinen	1 Std.	620	28	
128	Gegrillte grüne Heringe	30 Min. (+ 1 Std.)	600	42	
128	Gegrillter Thunfisch	45 Min.	810	65	
129	Fischfondue	1 1/2 Std.	360	14	■
131	Pizza mit Fisch und Meeresfrüchten	45 Min. (+ 1 Std.)	450	9	
132	Garnelenspießchen mit Erdnußsauce	45 Min.	570	39	
132	Heilbutt in Kokos-Curry-Sauce	1 Std.	520	24	
133	Garnelenragout aus dem Wok	30 Min.	180	8	■
133	Garnelen mit Rucolabutter	25 Min.	330	34	■
134	Tintenfisch aus dem Wok	35 Min.	290	17	■
134	Muscheln in Tomatensauce	50 Min.	450	17	
135	Gefüllte Tintenfischchen	1 1/2 Std.	380	27	■
137	Oktopus in Rotwein	1 3/4 Std.	260	10	■
138	Jakobsmuscheln mit Senfsabayon	30 Min.	600	44	
139	Gegrillte Langustenschwänze	45 Min.	480	34	

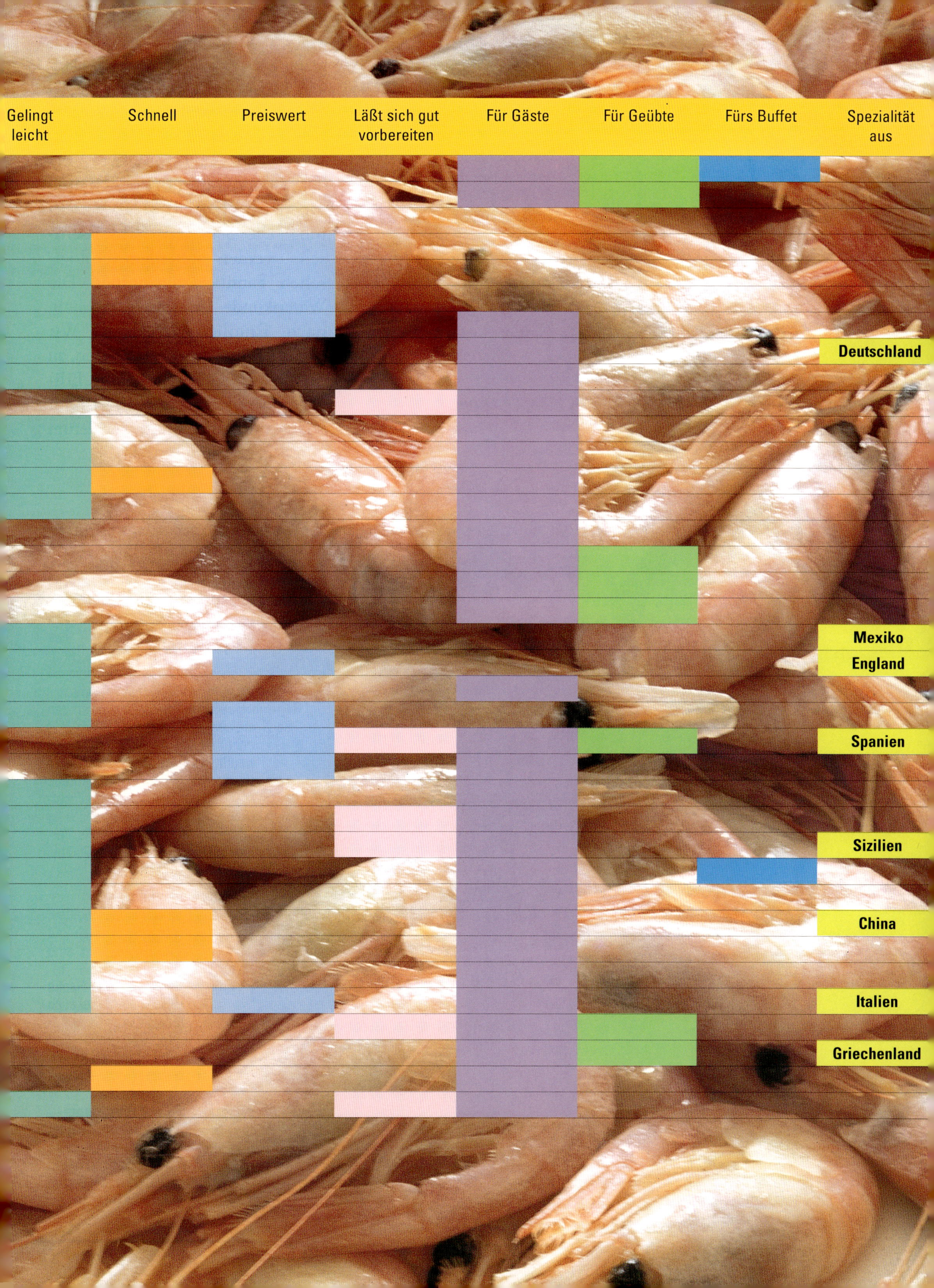

Gelingt leicht
Schnell
Preiswert
Läßt sich gut vorbereiten
Für Gäste
Für Geübte
Fürs Buffet
Spezialität aus
Deutschland
Mexiko
England
Spanien
Sizilien
China
Italien
Griechenland

WARENKUNDE

Süßwasser-, Salzwasser-, Wanderfische, Schal- und Krustentiere – bei der Zuordnung von Fischen und Meeresfrüchten gibt´s oft Verwirrung. Die Süß- bzw. Salzwasserfische werden außerdem biologischen Familien zugeordnet. Die Warenkunde ist, soweit möglich, nach Familien aufgebaut. Wir beginnen mit den Lachsfischen, zu denen auch die Forelle gehört. Etliche andere Fische, z. B. Petersfisch oder Knurrhahn, bilden wiederum eine eigene Familie.

Forelle

Die Forelle (Familie der Lachsfische) ist ein dunkel- bis silbergrauer Fisch mit schwarzen Punkten auf dem Rücken. Sie ist in kühlen, sauberen, sauerstoffreichen Bächen, Flüssen und Seen heimisch. Wildlebende **See- und Bachforellen** (letztere im Bild oben und Mitte) kommen nur noch selten vor. Seeforellen können bis zu 1, 40 m lang werden. Die meisten Forellen stammen heute jedoch aus Zuchtteichen und werden als Portionsfische angeboten.

Die **Regenbogenforelle** mit dem schillernden Band entlang den Körperseiten (im Bild unten) ist mit der Bachforelle verwandt, hat diese aber verdrängt, da sie robuster ist. Die Regenbogenforelle ist in Deutschland der meistverkaufte Zuchtfisch. Sie kann bis zu 70 cm lang und 6 kg schwer werden. Meist wird sie als Portionsfisch mit einem Gewicht von 250 bis 300 g verkauft.

Typische Merkmale: Forellen haben festes, weißes, wohlschmeckendes Fleisch mit wenig Fett. Die Gräten sind leicht zu entfernen.

Einkauf: Als ganze Fische frisch (manchmal auch lebend) oder tiefgefroren. Ein großer Teil wird geräuchert im Ganzen oder filetiert angeboten.

Zubereitung: Forelle eignet sich zum Kochen im Sud (Forelle blau) oder zum Braten (Müllerin-Art).

Lachs

Der Lachs, auch **Salm** genannt, ist ein Wanderfisch. Er wächst in den Flüssen auf und wird daher meistens den Süßwasserfischen zugeordnet. Nach etwa drei Jahren schwimmt er ins Meer, zum Laichen wandert er wieder flußaufwärts. Man unterscheidet zwei Lachsfamilien, den atlantischen und den pazifischen. Natürliche Lebensräume sind an den nordatlantischen Küsten Europas, der Ostsee und der Westküste Amerikas. Wildlachs ernährt sich von Krebsen und erhält so eine zartrosa Fleischfarbe. Echter Wildlachs ist selten geworden und sehr teuer, er wird noch in Schottland und Irland, hauptsächlich im Juni/Juli, gefangen. Das Lachsangebot besteht meist aus Zuchtlachs, der häufig aus Skandinavien und Kanada kommt. Die orange-rosa Fleischfarbe entsteht durch entsprechende carotinhaltige Fütterung. Das Durchschnittsgewicht der Zuchtlachse beträgt 3 – 4 Kilo.

Lachsfleisch ist zwar fettreich, enthält aber hauptsächlich ungesättigte Fettsäuren, die sich günstig auf das Blutfett des Menschen auswirken. Der Gehalt an Vitamin B_6 ist beträchtlich.

Typisches Merkmal: Wohlschmeckendes, feines rosafarbenes Fleisch mit relativ hohem Fettgehalt.
Einkauf: Frisch oder tiefgekühlt. Ganze Lachse, Koteletts und Filets. Außerdem geräucherter oder gebeizter Lachs (Graved Lachs) in Scheiben oder in Hälften. Der rote Rogen ist als Keta-Kaviar im Handel (siehe Seite 23).
Zubereitung: Lachs eignet sich besonders gut zum Pochieren und ist Bestandteil feiner Fischterrinen und -suppen. Ein Rezept für Graved Lachs finden Sie auf Seite 45.

Lachsforelle

Die Lachsforelle (Familie der Lachsfische) wurde aus Regenbogenforelle und Lachs gezüchtet. Sie wächst im Süßwasser heran und wird anschließend im Meerwasser großgezogen. Lachsforellen stammen häufig aus Norwegen und Dänemark. Das lachsrote Fleisch bekommen sie durch carotinhaltiges Futter. Lachsforellen können bis zu 10 kg schwer und 1 m lang werden. Die beste Qualität stammt von Fischen mit einem Gewicht bis 3 kg.

Das Fleisch der Lachsforelle ist weniger fett und daher kalorienärmer als das vom Lachs.

Typische Merkmale: Rosafarbenes, festes, zartes Fleisch mit wenig Gräten. Die Farbe ist etwas heller als beim Lachs.
Einkauf: Frisch, als Filets, Scheiben oder ganze Fische.
Zubereitung: Wie Forelle und Lachs. Beliebt ist auch das fettarme Garen in der Salzkruste (Rezept Seite 94).

Renke

Die Renke (Familie der Lachsfische) wird in den Seen des Voralpengebiets und in Nordeuropa gefangen. Sie wird auch **Felchen** oder **Maräne** genannt, sehr bekannt sind die **Bodenseefelchen**. Der längliche, silberglänzende Fisch wird bis etwa 40 cm groß.

Die Leber der Renken ist eine Delikatesse.

Typisches Merkmal: Gutes, kräftiges Fleisch, nicht ganz so fein wie das der Forelle.
Einkauf: Frisch oder geräuchert, als ganze Fische.
Zubereitung: Wie die Forelle.

Saibling

Der Saibling gehört zur Familie der Lachsfische und lebt in sauberen, kalten Flüssen und Seen. Man unterscheidet den dunkleren, bräunlichen **Bachsaibling** und den helleren, silbrigen **Seesaibling**. Die Fische, die im Handel sind, kommen meist aus Teichwirtschaften, wilde Saiblinge sind selten geworden.

Saiblinge sind gut am prägnanten weißen Vorderrand der Brust- und Bauchflosse von Forellen zu unterscheiden.

Typisches Merkmal: Festes, zart lachsfarbenes, aromatisches Fleisch.
Einkauf: Frisch, als ganze Fische.
Zubereitung: Möglichst schonend, z. B. in Butter gebraten, pochiert, gedämpft oder gedünstet.

Karpfen

Am besten schmecken junge Karpfen aus kleinen Teichen.

Karpfen (Familie der Karpfenfische) stammen ursprünglich aus China. Heute gibt es sie weltweit. Sie bevorzugen warme, langsam fließende Gewässer mit schlammigem Grund und reichem Pflanzenwuchs. Wildkarpfen sind selten, die Karpfen, die im Handel sind, stammen aus Zuchtteichen. Die Stammform der rundlich geformten Fische ist der wildlebende **Schuppenkarpfen** mit vielen Schuppen. Aus ihm wurden **Spiegelkarpfen** (mit wenig Schuppen) und **Nackt- oder Lederkarpfen** (ohne Schuppen) gezüchtet. Bei uns werden meist Spiegelkarpfen, 25 bis 30 cm lang und etwa 1,5 kg schwer, angeboten. In Deutschland kommen die meisten aus Sachsen oder Bayern. Importe kommen aus Israel und dem Ostblock.

Typische Merkmale: Sehr aromatisches, aber relativ fettes Fleisch. Gezüchtete Karpfen haben weniger Gräten.

Einkauf: Karpfen sind frisch oder geräuchert im Handel. Sie werden ganz, halbiert oder als Filets angeboten. Hauptsaison: Oktober bis April.

Zubereitung: Karpfen werden gerne blau gekocht oder gefüllt. Sie schmecken auch gedünstet, gedämpft oder gebacken sehr gut. Karpfen hat eine lange Tradition als Weihnachtsgericht.

Schleie

Schleien aus Teichen müssen lebend gewässert oder vor der Zubereitung in Essigwasser gelegt werden.

Die Schleie (Familie der Karpfenfische) wird häufig als Nebenfisch in Karpfenteichen gezogen, sie kommt aber auch in der freien Natur in stehenden und langsam fließenden Gewässern vor. Sie wächst viel langsamer als der Karpfen und braucht drei Jahre, bis sie zu einem Portionsfisch von 200 bis 300 g herangewachsen ist.

Typische Merkmale: Sehr schleimige Oberhaut mit vielen kleinen Schuppen darunter. Das Fleisch ist äußerst wohlschmeckend.

Einkauf: Frisch als ganzer Fisch.

Zubereitung: Wie beim Karpfen.

Hecht

Hechtfleisch kann beim Braten leicht trocken werden. Am besten vorher mit Speck spicken.

Der Hecht, ein Raubfisch (Familie der Karpfenfische), kommt in Seen und Flüssen Europas und Nordamerikas vor. Typisch ist sein entenschnabelähnliches Maul, besetzt mit großen Fangzähnen. Ein ausgewachsener Hecht kann bis zu 35 kg schwer und über 1 m lang werden. Die begehrtesten Hechte sind die mittleren Größen mit Gewichten zwischen 1 und 3 kg.

Typische Merkmale: Festes, weißes, mageres und aromatisches Fleisch. Hechtfleisch ist sehr grätenreich, die senkrecht verlaufenden Gabelgräten müssen einzeln herausgezogen werden.

Einkauf: Frisch, als ganzer Fisch, Abschnitte oder Filets.

Zubereitung: Hecht läßt sich gut füllen, eignet sich aber auch zum Braten, Dünsten und Pochieren. Sein Fleisch, vor allem das der größeren Tiere, ist beliebt für Farcen, am bekanntesten sind die Hechtklößchen (Rezept Seite 66).

SÜSSWASSERFISCHE

Flußbarsch

Der Flußbarsch (Familie der Barsche), in der Schweiz auch **Egli** genannt, lebt in fließenden Gewässern und Seen in Mittel- und Nordeuropa sowie in Nordasien. Der Raubfisch mit den stacheligen Flossenstrahlen wird bis zu 40 cm lang und 3 kg schwer.

Der Flußbarsch ist besonders fett- und kalorienarm und enthält reichlich Eisen.

Typische Merkmale: Sehr wohlschmeckendes, mageres weißes Fleisch; viele Gräten.
Einkauf: Frisch, als ganzer Fisch oder Filets.
Zubereitung: Die Filets schmecken am besten in Butter gebraten.

Zander

Der Zander, auch **Schill** oder **Hechtbarsch** genannt, ist ein Raubfisch aus der Familie der Barsche. Er hat einen langen hechtähnlichen Körper und von Natur aus leicht trübe Augen. Er lebt in Flüssen und Seen Mittel- und Osteuropas. Außerdem wird er als Nebenfisch zum Karpfen auch in Teichen gezüchtet. Zander werden 40 bis 70 cm lang und und 1 bis 1,5 kg schwer.

Zander ist ein typischer Fisch des Plattensees. In Ungarn heißt er Fogosch.

Typische Merkmale: Das Fleisch ist weiß, aromatisch, fettarm und zart. Es enthält nur wenig Gräten.
Einkauf: Frisch oder tiefgefroren, als ganzer Fisch oder Filets. Unbedingt auf frische Ware achten, Zander verdirbt sehr schnell.
Zubereitung: Zanderfilets schmecken gut gebraten oder pochiert, mit cremiger Sauce serviert. Zanderfleisch eignet sich auch sehr gut für Farcen.

Waller oder Wels

Der Waller ist der größte europäische Süßwasserfisch. Er wird bis zu 150 kg schwer und bis zu 3 m lang. Der Raubfisch mit den langen Bartfäden kommt in Seen und größeren Flüssen vor, zum Beispiel im unteren Lauf der Donau.

Waller enthält sehr viel Cholesterin.

Typische Merkmale: Weißes, festes Fleisch, das geschmacklich dem Seeteufel ähnelt; fast keine Gräten.
Einkauf: **Zwergwelse** (Foto), die höchstens 50 cm lang werden, werden als ganze Fische, die großen Fische werden filetiert oder in größeren Stücken angeboten.
Zubereitung: Zwergwelse werden im Ganzen (ohne Kopf und Haut) gebraten. Filets eignen sich zum Braten oder Grillen. Größere Stücke schmecken vorzüglich im Sud gegart (Rezept Waller im Weinsud Seite 106).

Aal

Man unterscheidet zwischen dem **Flußaal** (Foto), einem Wanderfisch, und dem **Meeraal**. Alle Flußaale stammen aus dem Sargasso-Meer zwischen den Bermudas und der Karibik. Die jungen Aale werden vom Golfstrom an die europäischen Küsten getrieben. Wenn die Jungaale dann nach 3 Jahren in die Flüsse und Seen Europas einwandern, sind sie fingerlang und fast durchsichtig. Deshalb heißen sie Glasaale. Ein Teil dieser Glasaale wird gefangen und in Spezialbecken gemästet. Nach mehreren Jahren werden sie als Blankaale verkauft. Aale, die im natürlichen Lebensraum geblieben sind, wandern wieder an die Laichplätze zum Sargasso-Meer zurück, nach dem Ablaichen sterben sie im Atlantik. Aale sind glitschig und schlangenförmig, sie können bis zu 1,50 m lang werden. Das beste Fleisch haben die mittelgroßen Aale mit einem Gewicht von 1 kg. Spitzköpfige Arten sind von besonderer Qualität.

Wer den Fettgehalt reduzieren möchte, zieht die Haut ab und entfernt die Fettschicht auf dem Fleisch.

Typische Merkmale: Das Fleisch ist zart und fein, jedoch fett und daher schwer verdaulich.
Einkauf: 80 % der Aale kommen geräuchert in den Handel, der Rest als frischer lebender Aal. Größere Aale am besten gleich im Geschäft ausnehmen und in Portionsstücke teilen lassen.
Zubereitung: Aal eignet sich zum Grillen und Braten. Aalfleisch kann zu Pasteten oder in Aspik verarbeitet werden. Auch in Suppen und Ragouts schmeckt es vorzüglich.

Heilbutt

Das Fleisch vom weißen Heilbutt ist besonders proteinreich, enthält aber auch viel Purin. Deshalb ist Heilbutt für Menschen mit erhöhtem Harnsäurespiegel nicht geeignet.

Man unterscheidet zwischen **weißem und schwarzem Heilbutt**. Der weiße Heilbutt ist der größte Plattfisch. Er wird bis zu 4 m lang und 300 kg schwer. Gehandelt werden die kleineren Exemplare, da das Fleisch von besserer Qualität ist. Der weiße Heilbutt, der eine weiße Unterseite hat, lebt im Nordatlantik. Der schwarze Heilbutt kommt vor allem im Nordpolarmeer vor, beide Körperseiten sind schwarz gefärbt.

Typische Merkmale: Das weiße Fleisch ist fein und wohlschmeckend, aber nicht so hochwertig wie das vom Steinbutt. Der weiße Heilbutt hat mageres Fleisch, der schwarze fettreicheres.

Einkauf: Weißer Heilbutt wird frisch in Scheiben angeboten. Schwarzer Heilbutt ist meist geräuchert im Angebot.

Zubereitung: Die frischen Fischscheiben eignen sich vor allem zum Dünsten und Braten.

Scholle

Vor allem die portionsgroßen Maischollen sind besonders zart.

Die Scholle, auch **Goldbutt** genannt, ist ein Plattfisch, der im Nordostatlantik und im westlichen Mittelmeer lebt. Schollen werden bis zu 90 cm lang, sind jedoch meist als Portionsfische mit einer Länge von 20 bis 30 cm im Handel.

Typisches Merkmal: Helles, saftiges, fettarmes Fleisch mit sehr gutem Geschmack.

Einkauf: Frisch oder tiefgefroren, im Ganzen oder als Filets.

Zubereitung: Im Ganzen gebraten, Filets gedünstet, gebraten oder fritiert. Eine norddeutsche Spezialität ist die Speckscholle (Rezept Seite 115).

Steinbutt

Wer sich den Steinbutt beim Fischhändler filetieren läßt, sollte unbedingt Kopf und Gräten mitnehmen. Sie ergeben einen besonders guten Fond.

Der Steinbutt, auch **Turbot** genannt, ist einer der größten und feinsten Plattfische. Er lebt im Nordostatlantik, im Mittelmeer und im Schwarzen Meer. Seinen Namen verdankt er den steinartigen Verhärtungen auf seiner schuppenlosen Haut. Der Steinbutt kann bis zu 1 m lang werden. Am besten sind Fische ab 3 kg Gewicht. Kleine Exemplare sind als **Baby-Steinbutt** oder **Turbotin** im Handel.

Typisches Merkmal: Weißes, festes, mageres Fleisch mit ausgezeichnetem Geschmack.

Einkauf: Steinbutt wird frisch als Filets und Koteletts angeboten, kleine Fische im Ganzen.

Zubereitung: Die kleinen Fische schmecken sehr gut im Ganzen im Backofen gegart. Die Filets werden wie Seezunge zubereitet.

Seezunge

Die beste Seezunge stammt aus dem Ärmelkanal, sie wird auch Dover Sole genannt.

Die Seezunge, auch unter dem Namen **Sole** bekannt, gilt als edelster und feinster Fisch unter den Plattfischen. Die Seezunge lebt im Nordostatlantik von Norwegen bis zur Küste Senegals, in der Nordsee und im Mittelmeer. Der ovale, längliche Plattfisch hat eine bräunlich-grau gefärbte Oberseite und eine weiße Unterseite. Die Seezunge wird bis zu 60 cm lang, kommt aber meist in Längen von 30 bis 40 cm in den Handel.

Typisches Merkmal: Weißes, sehr wohlschmeckendes Fleisch von feiner Konsistenz.

Einkauf: Frisch oder tiefgekühlt, im Ganzen oder als Filets. Seezungen werden das ganze Jahr über angeboten, am besten sind sie von September bis April.

Zubereitung: Seezunge eignet sich zum Füllen. Die Filets schmecken sehr gut gebraten oder pochiert. Beliebt sind Seezungenröllchen in feiner Sauce (Rezept Seite 122).

SALZWASSERFISCHE

Hering

Heringe leben in großen Schwärmen im Nordatlantik, in der Ostsee und im Nordpazifik. Die silbern glänzenden Fische können bis zu 35 cm groß werden. Frisch und unverarbeitet kommen sie als **grüne Heringe** in den Handel. Eine besondere Spezialität, vor allem in den Niederlanden und in Norddeutschland, sind die **Matjes**. Das sind junge Heringe, die noch nicht gelaicht haben. Sie werden in Salzlake eingelegt, worin sie 8 Wochen reifen. Die ersten eingesalzenen Matjes kommen im Juni auf den Markt, sie schmecken am besten. Matjes sind nur einige Tage haltbar, während die **Salzheringe** ein Jahr in Fässern mit Salzwasser aufbewahrt werden können. Geräuchert kommt der Hering als **Bückling** in den Handel. Roh in Essig eingelegt wird er **Bismarckhering** genannt, wird dieser aufgerollt, dann heißt er **Rollmops**. Der **Brathering** wurde gebraten und in Essig eingelegt.

Heringe enthalten besonders wertvolle ungesättigte Fettsäuren, die vorbeugend gegen Arteriosklerose wirken sollen.

Typisches Merkmal: Das Fleisch ist wohlschmeckend, aber auch sehr fett.
Einkauf: Frisch als ganzer Fisch oder weiter verarbeitet (siehe oben).
Zubereitung: Frischer Hering schmeckt am besten knusprig gebraten oder gegrillt (Rezept Seite 128). Matjesfilets werden mit Zwiebelringen, Schwarz-brot oder Pellkartoffeln und Butter serviert.

Sardine

Die Sardine gehört zur Familie der heringsartigen Fische. Der kleine, langgestreckte, blau-silbrig glänzende Fisch kommt meist in großen Schwärmen im Nordostatlantik sowie im nördlichen Mittelmeer vor. Sardinen werden bis zu 15 cm lang.

Wer frische Sardinen kaufen möchte, sollte sie vorbestellen.

Typisches Merkmal: Fettes, würziges Fleisch.
Einkauf: Sardinen sind selten frisch im Handel, meist bekommt man sie als Konserven.
Zubereiten: Frische Sardinen schmecken sehr gut gegrillt oder gebraten. Sie lassen sich auch gut füllen (Rezept Seite 127).

Makrele

Die Makrele gehört zu der Familie der Stachelflosser. Sie lebt in großen Schwärmen am Nordkap, an der europäischen Atlantikküste, in der Ostsee und im Mittelmeer. An ihren stahlblauen Querstreifen kann man sie gut erkennen. Makrelen können bis zu 5 kg schwer werden, am besten schmecken aber die Fische zwischen 300 und 500 g. Das feinste Fleisch hat die spanische Makrele.

Frische Makrelen möglichst schnell zubereiten.

Typische Merkmale: Das saftige Fleisch schmeckt sehr gut, hat aber einen hohen Fettgehalt. Die Gräten lassen sich leicht entfernen.
Einkauf: Ganze Makrelen gibt es frisch, tiefgekühlt oder geräuchert. Häufig werden sie auch als Konserven in Öl oder mit verschiedenen Saucen angeboten.
Zubereitung: Frische Makrelen lassen sich sehr gut füllen (Rezept Seite 114). Sie eignen sich auch zum Braten, Grillen oder Schmoren.

Thunfisch

Der Thunfisch ist der größte Fisch aus der Familie der Stachelflosser. Er wird über 3 m lang, ist in allen Meeren vertreten und gehört weltweit zu den wichtigsten Nutzfischen. Ein Verwandter des Thunfischs ist der viel kleinere **Bonito**.

Thunfisch enthält besonders viel Vitamin A.

Typisches Merkmal: Thunfisch hat dunkelrotes, festes Fleisch, das im Geschmack an Kalbfleisch erinnert.
Einkauf: Thunfisch wird frisch vor allem als Kotelett angeboten; außerdem in großen Mengen in Öl oder im eigenen Saft (naturel) konserviert.
Zubereitung: Die Koteletts eignen sich bestens zum Grillen (Rezept Seite 128) oder Braten oder kleingeschnitten für Spieße.

SALZWASSERFISCHE

Rotbarsch

Rotbarsch wird wegen seiner Stacheln und harten Schuppen meist filetiert angeboten.

Der Rotbarsch, auch **Goldbarsch** genannt, kommt aus dem Nordatlantik und ist ein äußerst beliebter Speisefisch. Er gehört nicht zur Familie der Barsche, wie sein Name vermuten läßt, sondern zur Familie der Stachelflosser. Auf seiner Rückseite hat er harte Stachelstrahlen, der Rücken ist leuchtend rot gefärbt. Rotbarsche erreichen eine Länge von 1 m.

Typisches Merkmal: Hellrosa, festes, wohlschmeckendes Fleisch mit mittlerem Fettgehalt.
Einkauf: Rotbarsch wird frisch oder tiefgefroren meist filetiert angeboten, außerdem ist er gesalzen und geräuchert im Handel.
Zubereitung: Die Filets schmecken am besten gebraten oder paniert und gebacken (Rezept Seite 112).

Kabeljau

Eine besondere Delikatesse sind die Bäckchen vom Kabeljau oder Dorsch. Sie haben besonders feines Fleisch.

Der junge Kabeljau vor der Geschlechtsreife wird **Dorsch** genannt. Der Kabeljau zählt zur Familie der Weichflosser. Er gehört zu den wichtigsten Speisefischen und kommt vor allem im Nordatlantik und in der Nordsee vor. Der Dorsch wiegt bis zu 1 kg, der ausgewachsene Kabeljau wird meist bis 7 kg schwer gefangen. Aus der Leber des Kabeljaus gewinnt man den vitaminreichen Lebertran.

Typisches Merkmal: Das Fleisch ist zart, fest und mager. Es schimmert perlmuttartig.
Einkauf: Frisch oder tiefgefroren. Als Filets, Koteletts oder Portionsstücke. Dorsch wird auch als ganzer Fisch angeboten. Getrocknet wird Kabeljau als Stockfisch angeboten (siehe Seite 82).
Zubereitung: Kabeljaufilets eignen sich zum Braten, Dünsten oder Kochen, aber auch für Suppen und Ragouts. Das Schwanzstück schmeckt sehr gut pochiert.

Merlan

Merlan hat ein ausgesprochen feines Fleisch und wird meist sehr preiswert angeboten.

Der Merlan, auch **Wittling** genannt, kommt im Nordostatlantik, in der Nord- und Ostsee, im östlichen Mittelmeer und im Schwarzen Meer vor. Er gehört, wie alle Arten aus der Familie der Weichflosser, zu den fettarmen Fischen. Der Merlan wird bis 50 cm lang. Am besten schmecken die Fische mit einem Gewicht von 200 bis 300 g.

Typisches Merkmal: Das Fleisch ist zart, weiß und äußerst delikat.
Einkauf: Frisch oder tiefgekühlt, im Ganzen oder als Filets.
Zubereitung: Am besten schmeckt Merlan kurz in Butter gebraten.

Schellfisch

Eine besondere Delikatesse ist geräucherter Schellfisch: »smoked haddock«.

Der Schellfisch ist einer der wichtigsten Vertreter der Familie der Weichflosser. Er spielt auf dem europäischen und amerikanischen Fischmarkt eine bedeutende Rolle. Der Schellfisch wird bis zu 1 m lang und lebt in der Nordsee und im Nordatlantik.

Typisches Merkmal: Das Fleisch ist sehr zart und mager.
Einkauf: Schellfisch wird in Stücken, als Tranchen und als Filets frisch oder tiefgekühlt angeboten.
Zubereitung: Da das Fleisch sehr blättrig ist, eignet es sich eher zum Pochieren als zum Braten und schmeckt auch in Eintöpfen und Suppen.

Seelachs

Der Seelachs (Familie der Weichflosser) ist mit dem Kabeljau verwandt. Er wird auch **Köhler** genannt. Diesen Namen hat er seinem schwarzen Maul zu verdanken. Der Lebensraum liegt im Nordatlantik von der Biskaya bis Grönland, in der Nordsee, im Skagerrak und Kattegat.

Typisches Merkmal: Das feste, leicht graue Fleisch wird beim Garen hell und hat einen ausgeprägten, pikanten Geschmack.
Einkauf: Frisch oder tiefgekühlt als Filets. Außerdem wird Seelachs geräuchert in Stücken angeboten.
Zubereitung: Seelachsfilets schmecken paniert und gebraten sehr gut.

Seelachs hat mit dem echten Lachs nichts zu tun, er wird jedoch gefärbt in Fischkonserven als Lachsersatz angeboten.

Petersfisch

Der Petersfisch, auch **Heringskönig** oder **St. Pierre** genannt, lebt hauptsächlich im Atlantik und im Mittelmeer. Er hat einen diskusförmigen Körper und ist sehr gut am schwarzen Punkt auf jeder seiner Flanken zu erkennen.

Typische Merkmale: Petersfisch hat weißes, wohlschmeckendes Fleisch, das beim Garen gut zusammenhält. Der Geschmack erinnert an das Fleisch vom Steinbutt.
Einkauf: Petersfisch wird frisch im Ganzen und filetiert angeboten.
Zubereitung: Petersfisch ist ideal für Fischsuppen. Er läßt sich auch gut im Ofen garen (Rezept Seite 123) oder grillen.

Petersfisch ist recht selten und deshalb teuer.

Knurrhahn

Den Knurrhahn erkennt man an seinem kräftigen, kantigen Kopf und seinen stacheligen Brustflossen. Man unterscheidet den **grauen** und den **roten Knurrhahn**. Der rote Knurrhahn ist bei uns selten im Handel. Knurrhähne fängt man im Atlantik, in der Nord- und Ostsee, im Mittelmeer und im Schwarzen Meer. Der Name Knurrhahn geht auf die knurrenden Laute zurück, die mit der Schwimmblase erzeugt werden.

Typisches Merkmal: Weißes, mageres, festes Fleisch ohne Gräten.
Einkauf: Er wird meist frisch im Ganzen angeboten.
Zubereitung: Knurrhahn eignet sich bestens für Fischsuppen (Rezept Bouillabaisse Seite 69). Die Filets schmecken sehr gut gegrillt oder gebraten.

Der Knurrhahn hat eine starke Karkasse, aus der man kräftige Fischfonds machen kann.

Meerbrasse

Die Meerbrasse ist mit rund 200 Arten in allen gemäßigten und tropischen Meeren verbreitet. Am beliebtesten und kostbarsten ist die **Goldbrasse,** die **»Dorade royale«**. Man erkennt sie am gelben Band zwischen den Augen und am dunklen Fleck oberhalb der Kiemen. Weiter sind **Zahnbrassen**, **Rotbrassen**, **Marmorbrassen** (Foto) und **Streifenbrassen** im Handel.

Typische Merkmale: Meerbrassen haben festes, weißes Fleisch mit wenig Gräten. Das Fleisch der Zahnbrassen ist etwas grobfaseriger.
Einkauf: Meerbrassen kauft man frisch im Ganzen oder als Filets.
Zubereitung: Alle Brassen schmecken gegrillt oder gebraten sehr gut.

Goldbrassen schmecken am besten zwischen Juli und Oktober.

Red Snapper

Red Snapper eignet sich für alle Zubereitungsarten.

Der Red Snapper ist aus der Familie der Snapper der bekannteste und begehrteste. Er ist ein Fisch der warmen Zonen und wird vor allem im Westatlantik gefangen. Das Durchschnittsgewicht ist 2–3 kg.

Typisches Merkmal: Festes, weißes Fleisch mit wenigen großen Gräten.
Einkauf: Red Snapper ist frisch oder tiefgekühlt als ganzer Fisch oder als Filet im Handel.
Zubereitung: Besonders gut schmeckt er gebraten, bekannt ist auch Red Snapper auf Veracruz-Art (Rezept Seite 124).

Rochen

Rochenfleisch ist sehr gelatinehaltig. Es schmeckt auch sehr gut im eigenen Gelee kalt serviert.

Der Rochen ist ein flacher Fisch mit großen flügelartigen Brustflossen und langem Schwanz, der mit Dornen versehen sein kann. Er lebt in den Küstengebieten des Atlantiks und des Mittelmeers. Von den vielen Rochenarten hat der **Nagelrochen** (Foto) die beste Qualität. In der Küche werden nur die »Flügel« verwendet.

Typisches Merkmal: Sehr mageres, aromatisches, leicht rosafarbenes Fleisch ohne Gräten.
Einkauf: Im Handel sind nur die »Flügel«. Frischen Rochen erkennt man am Schleim, der die schuppenlose Haut bedeckt, und am leichten Ammoniakgeruch, der aber bei kühler Lagerung rasch verschwindet. Meist sind die Rochenflügel bereits gehäutet.
Zubereitung: Rochen schmeckt sehr gut pochiert, gedämpft oder gebraten (Rezept Seite 77).

Rotbarbe

Die Haut soll bei jeder Zubereitung dranbleiben – wegen der schönen Farbe.

Die Rotbarbe (Familie der Meerbarben), auch »Schnepfe des Meeres« genannt, kommt vor allem im Mittelmeer und im Schwarzen Meer vor. Sie wird bis zu 20 cm lang.

Typische Merkmale: Das Fleisch schmeckt besonders aromatisch und hat wenig Gräten. Kenner nehmen Meerbarben vor der Zubereitung nicht aus. Man kann auch ihr Inneres mitessen, wobei die Leber besonders delikat ist. Rotbarben haben keine Galle.
Einkauf: Meerbarben werden frisch oder tiefgekühlt als ganze Fische angeboten.
Zubereitung: Der Eigengeschmack bleibt am besten beim Garen im Dampf oder in der Folie erhalten. Die Rotbarbe schmeckt auch gegrillt oder gebraten sehr gut. Junge Rotbarben können sogar ungeschuppt gegrillt werden.

Schwertfisch

Schwertfisch spielt in der mediterranen Küche eine wichtige Rolle.

Der Schwertfisch sieht ähnlich aus wie ein Hai. Sein wichtigstes Merkmal ist die schwertartige Verlängerung seines Oberkiefers, die bis zu einem Drittel der Körpergröße erreichen kann. Der Schwertfisch lebt in allen warmen und gemäßigt warmen Meeren.

Typisches Merkmal: Das Fleisch ist muskulös, dabei sehr zart und von gutem Geschmack. Es erinnert etwas an Kalbfleisch.
Einkauf: Vom Schwertfisch werden meist Steaks angeboten.
Zubereitung: Schwertfischsteaks schmecken hervorragend gegrillt oder gebraten.

Seeteufel

Der Seeteufel ist auch unter dem Namen **Lotte** bekannt. Er lebt im Nordostatlantik, in der Nord- und Ostsee. Der Seeteufel kann bis zu 1,50 m lang werden, im Handel werden meist Exemplare von 40 bis 80 cm Länge angeboten.

Das Seeteufelfleisch ähnelt dem Fleisch von Hummer und Languste und eignet sich auch für die gleichen klassischen Zubereitungen.

Typische Merkmale: Festes, weißes aromatisches Fleisch, das perlmuttartig schimmert, wenn es frisch ist. Keine Gräten, nur ein starker Rückenknochen im Schwanzstück, der sich leicht herauslösen läßt.
Einkauf: Meist wird das Schwanzstück mit oder ohne Haut angeboten.
Zubereitung: Seeteufelfilets oder -medaillons schmecken sehr gut gebraten, serviert mit einer feinen Sauce.

Steinbeißer

Der Steinbeißer, auch **Katfisch** oder **gestreifter Seewolf** genannt, ist der bekannteste Fisch aus der Familie der Seewölfe. Lebensraum sind die kalten Meere des Nordens, Hauptfanggebiete sind die Gewässer um Island. Der Seewolf hat einen langgestreckten Körper, charakteristisch ist sein großer Kopf mit dem breiten Maul.

Vorsicht vor Verwechslung mit dem teuren Wolfsbarsch! Auch der Steinbeißer wird manchmal unter dem Namen Loup de mer angeboten.

Typisches Merkmal: Weißes Fleisch mit fester Konsistenz und gutem Geschmack.
Einkauf: Steinbeißer kommt ohne Kopf und bereits gehäutet in den Handel. Er wird frisch oder tiefgekühlt im Ganzen, als Filets oder Scheiben angeboten.
Zubereitung: Die Filets eignen sich zum Dünsten, Braten oder Pochieren und für Suppen und Ragouts.

Wolfsbarsch

Der Wolfsbarsch gehört zu den barschartigen Fischen, er wird auch **Seebarsch, Loup de mer** oder **Bar** genannt. Der Fisch mit dem langgestreckten, silberglänzenden Körper lebt im Mittelmeer und im Atlantik.

Wolfsbarsch zählt zu den besten und teuersten Speisefischen.

Typisches Merkmal: Weißes, festes, mageres Fleisch mit hervorragendem Geschmack.
Einkauf: Frisch im Ganzen oder als Filets.
Zubereitung: Wolfsbarsch eignet sich im Ganzen vor allem zum Grillen, die Filets zum Pochieren.

Kaviar

Echter Kaviar ist der Rogen von Fischen aus der Familie der Störe. Der Name des Kaviars ist ein Hinweis darauf, von welcher Störart er stammt: **Beluga** (Foto rechts oben) ist ein großkörniger, dunkelgrauer Kaviar, die beliebteste und teuerste Sorte. Die Körner vom **Osietra** sind etwas kleiner, auch sie werden von Kennern sehr geschätzt. Die kleinsten Eier heißen **Sevruga**. Kaviar in der Dose oder im Glas ist auch im Kühlschrank nur beschränkt haltbar. Frischer Kaviar hält in der geschlossenen Dose oder im Glas etwa 3 Monate, pasteurisierter 6 Monate. An der Farbe des Dosendeckels kann man die Kaviarart erkennen: Beluga ist blau, Osietra gelb und Sevruga rot/orange. Die Bezeichnung **Malossol** bei russischem Kaviar bedeutet, daß wenig Salz enthalten ist.
Keta-Kaviar ist der preisgünstigere orangerote Rogen vom Keta-Lachs. Die Körner sind größer als beim echten Kaviar. Der gelblichere **Forellen-Kaviar** (Foto rechts unten) stammt von großen Forellen und schmeckt ähnlich gut wie der Keta-Kaviar.
Deutscher Kaviar wird aus den feinkörnigen, festen Fischeiern des Seehasen hergestellt. Diese werden stark eingesalzen und schwarz oder rot eingefärbt. Dieser Kaviar wird meist als Dekoration verwendet.

Wichtig: Kaviar sollte niemals mit Silberbesteck serviert werden, denn dieses oxidiert und verleiht dem Kaviar einen fischigen Geschmack. Das richtige Material für Kaviarlöffel ist Horn oder Perlmutt.

Hummer / Scampo

Die grünlichen Eier des weiblichen Hummers werden beim Kochen knallrot. Sie verleihen Saucen ein feines Aroma und eine schöne rosa Farbe.

Die kulinarisch wertvollsten Tiere stammen aus Gebieten um Island, Schottland und Irland. Scampi werden oft mit Riesengarnelen verwechselt. Scampi können Sie am stabilen, breiten Panzer und an den Scheren erkennen.

Der Hummer (Foto rechts), auf englisch **Lobster** genannt, ist das edelste Krustentier des Meeres. Man unterscheidet den europäischen und den amerikanischen Hummer. Europäischer Hummer kommt von der Atlantikküste Skandinaviens, Großbritanniens, Frankreichs und Spaniens sowie vom Mittelmeer. Die meisten Fänge stammen von den britischen Inseln. Der amerikanische Hummer wird bis zu 9 kg schwer, er wird auch in Farmen gezüchtet. Die Farbe des Panzers ist bläulich bis schwarz, erst beim Kochen wird er leuchtend rot. Zur Familie der Hummer gehört auch der **Scampo** (Foto links), der auf deutsch **Kaisergranat** oder **Tiefseekrebs** heißt, in Frankreich als **Langustine** bezeichnet wird. Scampi sehen ähnlich aus wie Hummer, sind aber viel kleiner, sie werden 15–25 cm lang und 40–110 g schwer. Das feste aromatische Fleisch befindet sich im Schwanzteil, die Scheren enthalten kaum Fleisch.

Typische Merkmale: Hummerfleisch ist weiß, fest und sehr aromatisch, das vom europäischen Hummer schmeckt etwas süßlicher.
Das Fleisch von frischen Scampi ist sehr delikat und äußerst zart.

Einkauf: Hummer werden vorwiegend lebend angeboten, Sie können aber auch mit Elektroschock getötete, ungegarte Tiere kaufen. Wer wenig Zeit hat, kauft bereits gekochte Hummer, die in Salzwasser tiefgefroren auf dem Markt sind. Rohes Hummerfleisch verdirbt sehr schnell, am besten noch am gleichen Tag zubereiten.
Frische Scampi bekommt man selten, meist wird nur der Schwanzteil angeboten, frisch, gekocht oder tiefgekühlt.

Zubereitung: Wie Sie einen Hummer kochen und das Fleisch herauslösen, erfahren Sie auf Seite 32. Am besten schmeckt Hummer frisch gekocht, serviert mit einer Mayonnaise. Hummerfleisch eignet sich auch sehr gut für die Zubereitung von Ragouts (Rezept Seite 76) oder Salaten.

Languste

Es gibt zahlreiche Langustenarten mit unterschiedlicher Panzerfarbe. Nach dem Kochen werden jedoch alle Panzer rot.

Die europäischen Langusten mit rosafarbenem Panzer gelten als besonders köstlich.

Die Languste lebt in fast allen Weltmeeren. Sie hat, im Gegensatz zum Hummer, keine Scheren. Man kann sie sehr gut an den auffällig langen Fühlern erkennen. Langusten können bis zu 6 kg schwer werden, am besten schmecken jedoch kleine Langusten mit einem Gewicht von 300 bis 400 g.

Typisches Merkmal: Das wohlschmeckende Fleisch befindet sich im Schwanzteil der Tiere.

Einkauf: Langusten kann man lebend frisch kaufen. Die Schwanzteile sind frisch, tiefgekühlt oder bereits gegart im Handel.

Zubereitung: Wie beim Hummer. Wie Sie die gekochte Languste fachgerecht zerlegen, steht auf Seite 33 – ein Rezept finden Sie auf Seite 139.

Garnelen

Die Vielfalt der angebotenen Garnelen ist groß und führt immer wieder zu Verwechslungen. Sie kommen in fast allen Meeren vor. Die größten Tiefseegarnelen sind die **Riesengarnelen**. Sie werden bis zu 20 cm lang und sind häufig auch unter dem Namen **King Prawns** oder **Hummerkrabben** im Handel. Der Name Hummerkrabben ist falsch, denn mit Hummer haben diese Garnelen nichts zu tun. **Shrimps** sind ebenfalls Tiefseegarnelen, sie werden 3–7 cm groß. In Amerika, manchmal auch bei uns, wird die Bezeichnung Shrimps für alle Garnelen verwendet, egal, welche Größe sie haben. In Asien gibt es Süßwassergarnelen, die in Reisfeldern gezüchtet werden. Diese Zuchtgarnelen können über 20 cm lang werden und sind als **Tiger Prawns** im Handel, sie gehören mittlerweile zu den wichtigsten Garnelenarten auf dem Weltmarkt.

Typische Merkmale: Garnelen haben wohlschmeckendes Fleisch. Verglichen mit den Nordseekrabben schmeckt es milder. Garnelen verderben leicht, deshalb möglichst sofort zubereiten.

Einkauf: Garnelen werden roh oder gagart, frisch und tiefgefroren angeboten. Sie sind mit oder ohne Panzer, mit oder ohne Kopf im Handel.

Zubereitung: Garnelen sind äußerst vielseitig zu verwenden. Sie sind sehr beliebt für Vorspeisen. Rohe Garnelen eignen sich gut zum Braten, bei ihnen müssen die Därme noch entfernt werden.

Geschmacklich am besten sind die Garnelen, die aus kalten Gewässern stammen, denn sie wachsen langsamer heran und entwickeln so geschmackvolleres Fleisch. So haben die grönländischen Kaltwassergarnelen einen besseren Geschmack als die Warmwassergarnelen aus Thailand, Malaysia oder Indien.

Nordseekrabbe

Die Nordseekrabbe wird auch **Nordseegarnele** oder **Granat** genannt. Ihr Lebensraum ist das Wattenmeer der Nordsee. Krabben werden höchstens 6 cm lang und haben 2 lange ausgeprägte Fühler. Die Nordseekrabben werden nach dem Fang sofort an Bord der Fangschiffe gekocht.

Typisches Merkmal: Krabben haben einen spezifischen, intensiven, sehr guten Geschmack.

Einkauf: Gegartes, geschältes Krabbenfleisch gibt es gekühlt, tiefgekühlt oder in Dauerkonserven zu kaufen.

Zubereitung: Krabben eignen sich gut für Cocktails, Salate und in Nudelsaucen, außerdem schmecken sie gut zu Rühreiern oder zu Vollkornbrot mit Butter.

Am besten schmecken die Krabben frisch vom Fischkutter. Das »Krabben puhlen« ist zwar etwas mühsam, dafür ist das Krabbenfleisch ein Genuß.

Flußkrebs

Flußkrebse sind die Süßwasserverwandten des Hummers. Sie werden etwa 15 cm lang und 150 g schwer. Früher fand man diesen Edelkrebs häufig in klaren Gewässern, heute ist er durch die Wasserverschmutzung zu einer Rarität geworden. Die Krebse am Markt sind meist aus der Türkei, Osteuropa oder Skandinavien importiert. In diesen Ländern werden sie gezüchtet. In Deutschland versucht man schon länger, den amerikanischen **Kamberkrebs** einzubürgern. Vom Kamberkrebs wird nur das Fleisch der Schwänze verarbeitet. Am besten schmeckt der **Edelkrebs.** Er ist schwarz-braun gefärbt und wird beim Kochen rot.

Typisches Merkmal: Sehr wohlschmeckendes Fleisch. Am besten schmecken die **Bachkrebse**.

Einkauf: Krebse werden bei uns selten angeboten. Bevorzugte Fangzeit ist Mai bis August. Man kann sie lebendig, manchmal auch tiefgekühlt kaufen.

Zubereitung: Flußkrebse werden im aromatischen Sud gekocht. Sie schmecken gut im Salat (Rezept Seite 59) und werden auch sehr gerne als Dekoration für Fischgerichte verwendet.

Flußkrebse dürfen keinesfalls zu lange gekocht werden, sonst wird ihr Fleisch zäh.

Auster

Austern enthalten Eisen und die Vitamine der B-Gruppe B_1, B_2 und B_{12}.

Austern werden vor allem an Flußmündungen gezüchtet. Sie werden 4–10 cm groß und nach Sorten und Größen gehandelt. Man unterscheidet zwei Arten: Die flache **Rundauster,** auch **Europäische Auster** genannt und die bauchige **Felsenauster,** auch **Portugiesische Auster** genannt. Die flachen Austern sind selten und teuer, sie werden nach Herkunft bezeichnet. Aus Frankreich kommen die **Belons,** die **Marennes,** die **Arcachons** und die **Bouzigues**. Aus Dänemark die **Limfjords**, aus den Niederlanden die **Imperials**, aus Großbritannien die **Colchesters** und aus Irland die **Rossmores**. Die bauchige **Felsenauster** wird nach ihrer Zuchtmethode benannt und ist preislich günstiger. Als beste Felsenaustern gelten die **Fines de Claire** aus Frankreich. Sie werden in Austernteichen mit einer speziellen Kieselalge ernährt. Die meisten Austern, die bei uns im Handel sind, stammen aus Frankreich.

Typische Merkmale: Frisches Austernfleisch ist fest. Austern überleben auch außerhalb ihres Lebensbereiches bei Temperaturen zwischen + 2 und 7 °. Beim Lagern sollte die tiefe Schale unten liegen.

Einkauf: Austern kauft man lebend. Die Schalen müssen immer mit Meerwasser gefüllt und geschlossen sein. Austern, die trocken in der Schale liegen, müssen weggeworfen werden. Früher gab es Austern nur in den Monaten mit »r«. Heute bekommt man sie dank einer guten Kühlkette das ganze Jahr über.

Zubereitung: Austern werden hauptsächlich roh gegessen. Mit einem Spezialmesser wird die Schale geöffnet (siehe Seite 34), dann wird das Austernfleisch mit dem Meerwasser genüßlich geschlürft. Aber auch überbackene Austern (Rezept Seite 54) sind eine Delikatesse.

Miesmuschel

Früher gab es die Regel, Miesmuscheln nur in Monaten mit »r« zu verzehren. Heute gilt: Wer Muscheln in den wärmeren Monaten kaufen möchte, sollte darauf achten, daß sie aus nördlichen, kalten Gewässern stammen.

Miesmuscheln werden an der Nordsee- und Atlantikküste gezüchtet. Die bis 8 cm großen, blau-schwarzen Muscheln werden auch **Pfahlmuscheln** genannt. Sie heften sich mit ihren Fäden (Bärten) an Felsen, Pfählen und Schnüren fest.

Typische Merkmale: Sehr gutes wohlschmeckendes Fleisch. Bei gezüchteten Miesmuscheln sind beide Schalen gewölbt. Wilde Muscheln haben eine gewölbte und eine flache Schale.

Einkauf: Miesmuscheln werden lebend frisch, oder tiefgekühlt mit oder ohne Schale angeboten. Bei frischen Muscheln müssen die Schalen fest verschlossen sein. Außerdem gibt es Konserven.

Zubereitung: Am häufigsten werden Miesmuscheln im Weißweinsud gekocht. Vorsicht: Muscheln müssen vor dem Kochen geschlossen sein, nach dem Garen geöffnet. Alle anderen bitte wegwerfen! Wie Muscheln richtig vorbereitet werden, steht auf Seite 34.

Venusmuschel

Zum Rohessen verwendet man hauptsächlich die kleinen bräunlichen Venusmuscheln.

Die Venusmuschel bildet mit über 400 Arten eine große Familie. Die runde Muschel mit einem Durchmesser bis 4 cm kommt vor allem im Mittelmeer vor. Besonders in Italien ist sie unter der Bezeichnung **Vongole** sehr verbreitet.

Typische Merkmale: Sehr feines Muschelfleisch. Die Schalen können kreisförmige Vertiefungen aufweisen.

Einkauf: Venusmuscheln gibt es lebend frisch, tiefgekühlt und als Konserven.

Zubereitung: In Küstennähe ißt man sie roh wie Austern. Ansonsten werden sie wie Miesmuscheln zubereitet. Beliebt sind sie in italienischen Pastagerichten.

Jakobsmuschel

Die Jakobsmuschel heißt auch **Pilgermuschel** und kommt im Mittelmeer und Atlantik vor. Die Jakobsmuschel gehört zur Familie der Kammuscheln und zählt zu den wertvollsten Schaltieren, denn sie wird nicht gezüchtet.

Typische Merkmale: Jakobsmuscheln haben besonders wohlschmeckendes Fleisch, auch Nuß genannt. Dieses ist vom rötlichen Corail, dem Rogen, eingerahmt. Corail gilt als eine ganz besondere Delikatesse.

Einkauf: Jakobsmuscheln werden lebend frisch mit Schale angeboten. Außerdem sind sie frisch ohne Schale, tiefgekühlt ohne Schale und als Konserven im Handel.

Zubereitung: Wer lebende Jakobsmuscheln in der Schale kauft, sollte sie vor der Zubereitung einige Stunden in Salzwasser legen, damit der Sand ausgeschieden wird. Frische Jakobsmuscheln schmecken sehr gut roh mariniert. Tiefgekühlte eignen sich zum Überbacken oder zum Servieren in einer feinen Sauce.

Frische Jakobsmuscheln haben zwischen November und März Saison.

Herzmuschel

Die herzförmigen bis 4 cm großen Muscheln, auch **Coques** genannt, leben vorwiegend in den Gezeitenzonen auf Weich- und Sandböden. Lebensraum sind Nordatlantik, Nord- und Ostsee, Mittelmeer und Schwarzes Meer.

Typische Merkmale: Festes aromatisches Fleisch. Herzmuscheln haben ähnlich wie die Jakobsmuscheln einen kleinen Corail (Rogen).

Einkauf: Herzmuscheln sind eher eine Rarität geworden und werden aus Umweltschutzgründen teilweise nicht mehr gefangen.

Zubereitung: Roh als Vorspeise, gedünstet in Salaten oder Nudelgerichten.

Herzmuscheln am besten beim Händler vorbestellen.

Tintenfisch

Tintenfische sind Weichtiere und gehören zu den Kopffüßern. Sie sind in allen Weltmeeren vertreten. Man unterscheidet die **Sepia**, auch gemeiner Tintenfisch genannt, den **Kalmar** und den **Oktopus**, auch Krake genannt. Eßbar sind bei allen der schlauchförmige Körper, der Kopfteil sowie die mit Saugnäpfen besetzten Arme. Oktopus ist der größte Tintenfisch, er kann bis über 1 m groß werden und ist an den acht Fangarmen zu erkennen.

Typische Merkmale: Tintenfische haben in einem Beutel eine tintenartige Flüssigkeit. Man kann sie zum Färben von Reis, Nudeln oder Saucen verwenden.

Einkauf: Normalerweise sind die Tintenbeutel bereits entfernt. Wer ein Gericht mit Tinte zubereiten möchte, sollte Tintenfische mit Farbbeutel vorbestellen. Kauft man ganze frische Tintenfische, sollte man kleine Tiere bevorzugen, da deren Fleisch zarter ist. Tintenfische gibt es auch tiefgekühlt bereits in Ringe geschnitten.

Zubereitung: Meist werden Körper und Fangarme in Streifen geschnitten geschmort oder fritiert. Wie man frische Tintenfische vorbereitet, steht auf Seite 35.

In Spanien werden die Tiere je nach Zubereitungsart in ihrer Tinte gekocht.

Kalmar

Sepia oder gemeiner Tintenfisch

Oktopus oder Krake

KÜCHENTECHNIK

Ein gutes Rezept alleine garantiert noch nicht, daß Ihre Fischgerichte gelingen. Der erste Schritt für ein ausgezeichnetes Ergebnis auf dem Servierteller ist der richtige Einkauf. Hier erfahren Sie, woran Sie die Frische von Fischen und Meeresfrüchten erkennen können. Außerdem zeigen wir Ihnen, wie Fisch fachgerecht filetiert wird, wie man einen gegarten Hummer ohne Probleme zerlegt oder wie man Austern öffnet. Auch die Wahl der passenden Garmethode trägt zum Gelingen bei. Auf den nächsten Seiten finden Sie die wichtigsten Informationen über den perfekten Umgang mit Fischen und Meeresfrüchten.

TIPS FÜR DEN EINKAUF VON FISCH UND MEERESFRÜCHTEN

Ob Süß- oder Salzwasserfisch, Krusten- oder Schaltiere, die Frische und die Qualität der Produkte ist stets ausschlaggebend für das Gelingen des Rezepts. Fisch und Meeresfrüchte sind sehr leicht verderblich. Deshalb ist es wichtig, daß sie vom Fang bis zur Zubereitung immer gut gekühlt werden. In der warmen Jahreszeit sollten Sie für den Transport vom Fischhändler nach Hause am besten eine Kühltasche mitnehmen.

Qualitätsmerkmale bei Fischen

Sowohl Aussehen als auch Geruch lassen Rückschlüsse auf den Zustand der Fische zu. Je frischer ein ganzer Fisch oder ein Fischfilet sind, um so weniger riechen sie. Frischer Fisch riecht angenehm, der Geruch kann an Algen erinnern. Zu lange gelagerter Fisch riecht unangenehm ammoniakartig.

Bei **ganzen Fischen** spielt das Aussehen eine wichtige Rolle: Frischer Fisch hat eine glänzende, pralle Haut mit metallischem Schimmer. Verdorbener wirkt matt und farblos. Die Schuppen müssen fest anliegen und glänzen. Flossen und Schwanz dürfen nicht angetrocknet sein. Ist der Fisch nicht mehr frisch, lassen sich die Schuppen ganz leicht ablösen.

Bei frischen Fischen sind die Augen klar und leicht hervorstehend.

Verdorbene Fische haben matte, glasige und eingesunkene Augen.

Die Kiemen müssen feucht glänzend und kräftig rosa bis rot sein.

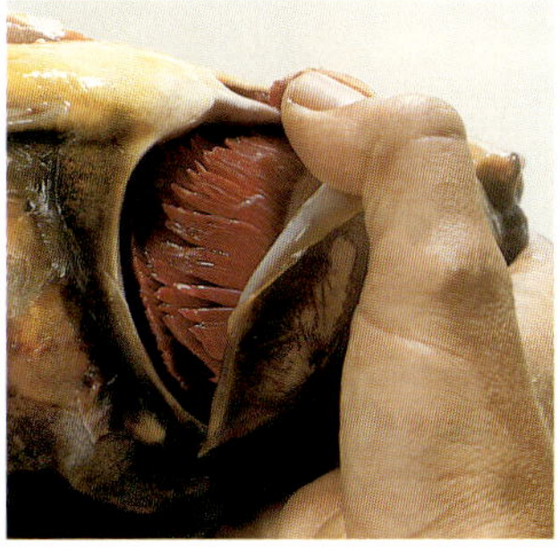

Fischfilets und -scheiben müssen prall aussehendes, glasig schimmerndes Fleisch haben. Sie dürfen keine angetrockneten Ränder und Verfärbungen aufweisen.

Wer absolut frische Ware haben will, sollte beim Händler vorbestellen. Eine gute Möglichkeit, wirklich frischen Fisch zu bekommen, ist, den Händler zu fragen, ob man den Fisch auch roh essen kann. Hierfür gibt es sehr strenge Richtlinien, und der Fachmann wird Ihnen dann sicher keine ältere Ware anbieten. Übrigens: Am besten schmecken Fische nach ihrer Laichzeit. Fragen Sie Ihren Fischhändler danach.

Qualitätsmerkmale bei Meeresfrüchten

Die meisten **Muscheln** – zum Beispiel Miesmuscheln, Austern und Herzmuscheln – werden lebend verkauft. Ihre Schalen sind gewöhnlich geschlossen. Muscheln mit geöffneten Schalen sollten Sie kräftig antippen. Wenn sie auch dann offen bleiben, sind sie verdorben und müssen aussortiert werden. Muscheln riechen immer etwas intensiver nach Meer als andere Meeresfrüchte. Dennoch müssen sie einen angenehmen Geruch haben. Beim Daranklopfen dürfen sie nicht hohl klingen, denn das wäre ein Zeichen für Wassermangel.

Die frühere Regel, daß man Muscheln nur in den Monaten mit »r« (also von September bis April) verzehren soll, gilt so nicht mehr. Heute gibt es gute Kühl- und Transportmöglichkeiten, die auch in der wärmeren Jahreszeit für einwandfreie Ware sorgen. In Küstenregionen wurden schon immer das ganze Jahr über Muscheln, Austern etc. gegessen. Allerdings sollten Sie im Sommer darauf achten, Muscheln aus nördlichen kalten Gewässern zu verzehren. In südlichen Gewässern können sich bei sommerlichen Temperaturen toxische Algen stark vermehren, von denen sich die Muscheln ernähren. Mit einem Muschelgericht dieser Art kann man sich eine üble Vergiftung zuziehen.

Schaltiere können durch ihre Nahrung Quecksilber anreichern. Muscheln, die ihre Lebensräume in der Nähe von Industrieabwässern haben, sind nicht zu empfehlen. Fragen Sie den Händler, woher die Ware kommt.

Bei rohen, auf Eis gelagerten **Scampi** können Sie die Frische an der Farbe der Unterseite erkennen. Ist diese schon leicht gräulich bis schwarz gefärbt, dann sind die Krustentiere schon zu lange gelagert. Beim Kauf von lebenden **Hummern oder Langusten** sollten Sie darauf achten, daß der Schwanz noch fest am Körper anliegt. Beim Wegziehen muß er zurückschnellen. Panzer und Fühler dürfen nicht beschädigt sein, was auch für Krebse gilt. Fragen Sie nach, wie lange die Tiere schon im Aquarium liegen.

Schuppen

Fische werden vor dem Ausnehmen geschuppt. Als erstes werden mit einer Schere in Richtung Kopf die Flossen abgeschnitten. Dann hält man den Fisch mit einem Tuch am Schwanzende fest und schabt mit einem speziellen Schupper oder mit der stumpfen Seite eines Messers vom Schwanz zum Kopf hin die Schuppen ab. Das geschieht am besten im Spülbecken, denn da kann man den Fisch immer wieder unter fließendem Wasser waschen und die bereits gelösten Schuppen entfernen.

Ausnehmen

Die einfachste Art, Fische auszunehmen ist, mit dem Messer die Bauchdecke von der Afteröffnung bis zum Kopf vorsichtig und nicht zu tief einzuschneiden. Wird zu tief eingeschnitten, können die Eingeweide verletzt werden.

Nach diesem Schnitt schneidet man die Eingeweide vorsichtig direkt am Schlund ab und löst sie vorsichtig mit den Fingern heraus. Dann spült man den Fisch innen und außen unter fließendem kaltem Wasser ab.

Filetieren von Rundfischen

Rundfische ergeben gewöhnlich zwei Filets, auf jeder Fischseite eines. Man legt den vorbereiteten, d. h. geschuppten und ausgenommenen Fisch auf eine Arbeitsplatte und schneidet mit einem scharfen Messer direkt hinter den Kiemen schräg bis zur Mittelgräte ein. Den gleichen Schnitt auf der anderen Seite wiederholen und die Mittelgräte durchschneiden.

Dann entlang des Rückgrates die Haut vom Kopf bis zum Schwanzende einschneiden.

Mit dem Messer flach an der Mittelgräte entlang fahren und so das Fischfilet vom Kopf bis zum Schwanz von den Gräten trennen. Dann den Fisch umdrehen und das zweite Filet ebenfalls von der Mittelgräte lösen.

Filetieren von Plattfischen

Plattfische, vor allem größere, werden in der Regel in vier Filets geteilt. Den Fisch mit der dunklen Seite nach oben auf die Arbeitsplatte legen. Die Spitze eines scharfen Messers direkt hinter dem Kopf halbrund bis zum Knochen führen. Anschließend das Fischfleisch entlang der Mittelgräte bis zum Rückgrat einschneiden.

Dann die Haut und das Fleisch entlang dem Flossensaum einschneiden.

Nun kann man das Filet abheben. Dabei das Messer so flach wie möglich halten und das Filet von der Mittelgräte zum Flossenrand direkt über den Gräten abtrennen.

Das zweite Filet ebenso lösen. Dann den Fisch umdrehen und mit den Filets der hellen Seite genauso verfahren.
Wichtig: Die Filets der hellen Seite sind bei den meisten Plattfischen dünner und haben daher eine kürzere Garzeit.

Fischfilets entgräten und häuten

Falls sich in den Filets von Rund- oder Plattfischen noch kleinere Gräten oder Bauchgräten befinden, können Sie diese mit einer Pinzette vorsichtig herausziehen.
Zum Häuten das Fischfilet mit der Hautseite nach unten auf die Arbeitsfläche legen. Am Schwanzende mit einem kleinen Schnitt etwas vom Fleisch abschneiden. Die jetzt überstehende Haut mit einem Küchentuch gut festhalten, dann das Messer zwischen Haut und Filet ansetzen und das Filet mit leicht sägenden Schnitten von der Haut lösen.

Fische füllen

Möchten Sie einen Fisch, zum Beispiel eine Lachsforelle füllen, werden im Idealfall die Eingeweide über die Kiemenöffnungen herausgezogen. Das ist relativ schwierig. In diesem Fall ist es besser, das Ausnehmen und Entgräten vom Fischhändler vornehmen zu lassen.
Die auf diese perfekte Art ausgenommenen, entgräteten Fische können mit einer feinen Farce gefüllt werden. Die Füllung am besten mit einem Löffel oder einem Spritzbeutel in die Öffnung geben. Damit der Fisch beim Garen seine Form behält und die Füllung nicht ausläuft, wird er mit Küchengarn umwickelt, das man über dem Rücken verknotet, oder mit Zahnstochern zusammengehalten.

Die Vorbereitung von kleinen Fischen

Kleinere Fische, zum Beispiel Sardinen, werden vor der Zubereitung geputzt und von der Mittelgräte befreit. Dazu die Fische mit einer kleinen Schere am Bauch aufschneiden und die Eingeweide herausholen. Mit einem kleinen Messer oder einem Löffelstiel unter die jetzt freiliegende Mittelgräte fahren und diese langsam herausziehen. Die Sardinen vorsichtig waschen und trockentupfen.

Zerlegen von gegartem Fisch

Beim Zerlegen von gegartem Fisch ist es wichtig, daß die Filets möglichst unbeschädigt und heiß auf den vorgewärmten Teller kommen.
Das Zerlegen, zum Beispiel einer Forelle, funktioniert so: Zuerst wird die Rückenflosse, einschließlich der Flossenträger mit Fischmesser und Gabel entfernt.

Die Haut zunächst entlang des Rückens, dann an Kopf und Schwanz durchtrennen. Die Haut mit dem Messer abrollen und abziehen.

Das obere Filet hinter dem Kopf lösen und vorsichtig von der Mittelgräte abheben.

Mit dem Fischmesser das untere Filet vom Schwanz trennen, anschließend das ganze Skelett abheben.

Das Filet hinter dem Kopf abtrennen und mit der Hautseite nach oben legen. Nun die Haut abziehen.
Um an die feinen Bäckchen zu kommen, die Kiemendeckel von hinten anheben und die Bäckchen herauslösen.

Hummer und Langusten kochen

Wenn Sie lebende Hummer oder Langusten kaufen, müssen Sie diese in einem großen Topf mit reichlich sprudelnd kochendem Wasser oder in kochendem Sud töten. Hierbei jedes Tier einzeln mit dem Kopf voran in die sprudelnd kochende Flüssigkeit geben. Den Deckel sofort auflegen.
Achtung: Siedendes Wasser ist nicht ausreichend. Wollen Sie zwei oder mehr Hummer oder Langusten töten, benötigen Sie einen Kessel von mindestens 15 l Fassungsvermögen. Andernfalls müssen Sie die Tiere nacheinander einzeln töten.
Für Hummer oder Langusten, die später zum Beispiel in einer Sauce oder auf dem Grill weitergaren, reichen nach dem Töten 2 bis 4 Minuten Garzeit bei schwacher Hitze. Sollen die Tiere im Wasser oder Sud fertig gegart werden, errechnet man die Garzeit nach dem Gewicht: Für die ersten 500 g rechnet man 10 Minuten Garzeit, für alle weiteren 500 g zusätzlich jeweils 5 Minuten.
Am besten überlassen Sie das Töten einem Fachmann, der Erfahrung hat und die geeigneten Herde und Kessel dafür besitzt. Außerdem ist dann gewährleistet, daß die Tiere nicht unnötig leiden müssen.

Hummer zerlegen

Richtiges **Werkeug** erleichtert die Arbeit des Zerlegens erheblich: Ein schweres Messer zum Durchschneiden des Panzers und zum Knacken der Scheren; eine Hummerzange zum Aufbrechen der Gelenke bei Scheren und Füßen; eine Hummergabel, um das Fleisch herauszulösen.
Zuerst den gekochten Hummer am Brustpanzer festhalten und die Scheren nacheinander mit drehenden Bewegungen vom Rumpf trennen.

Mit einem großen Messer am Rücken in die Vertiefung zwischen Kopf und Rumpf stechen und den Hummer entlang der Mittelnaht durchtrennen.

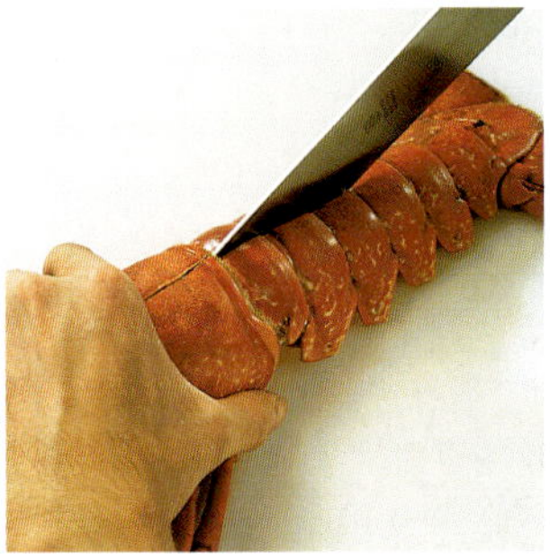

Auch den Kopf mit einem festen Schnitt halbieren.

Mit einem Löffel die weiche grünliche Leber und die ungenießbaren Innereien aus den Hälften lösen. Wer möchte, kann die Leber für die Sauce verwenden.

Dann die Antennen abschneiden und den Darm vorsichtig entfernen. Das Fleisch kann jetzt aus den Schalenhälften gelöst werden.

Die dünnen Beine vom Körper abdrehen und mit einem Messerrücken leicht anschlagen. Mit einer Hummergabel das zarte Fleisch herausziehen.

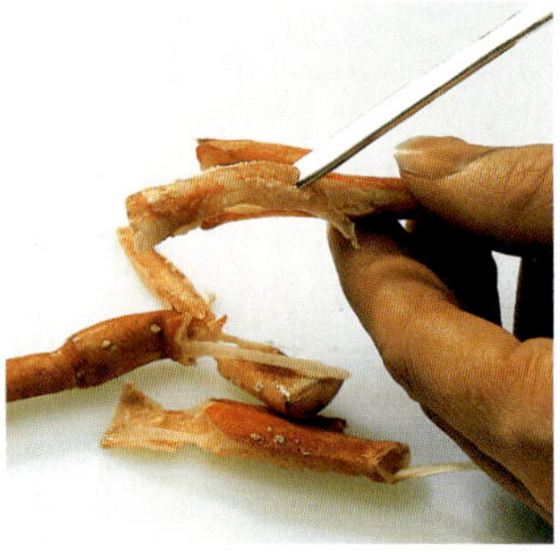

Die Schere an der gebogenen Seite anfassen und die kleinen Scherenfinger kräftig nach unten wegbiegen. Die Schere vom unteren Glied trennen. Dazu das Glied dort, wo es angewachsen ist, abdrehen. Das Gelenk in die Hand nehmen und locker auseinanderziehen. Das große Scherenstück hochkant legen, mit dem Messer auf das dicke Ende schlagen, daß es springt. Das angeschlagene Panzerstück wegbrechen. Das Scherenfleisch vorsichtig herausziehen.

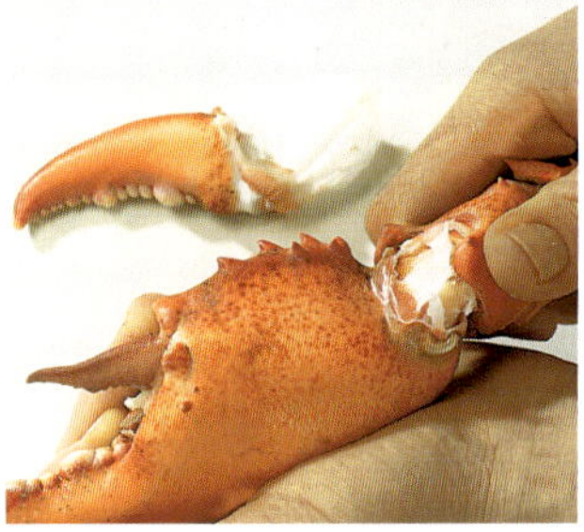

Die Hummerschalen nicht wegwerfen. Daraus läßt sich noch eine feine Sauce oder Suppe zubereiten.

Languste zerlegen

Die gekochte Languste kann wie der Hummer der Länge nach halbiert werden. Hierfür zunächst die Messerspitze am Rücken in die Mitte des Schwanzansatzes senkrecht ansetzen, den Schwanz und den Brustpanzer halbieren. Die Languste wenden.
Dann mit der Messerspitze erneut senkrecht in den Panzer stechen und diesen zum Kopf hin der Länge nach halbieren. Auch zwischen den Augen und den Stirnhörnern durchschneiden.
Die Antennen abtrennen: Zwischen Antennengrundglied und Rückenpanzer einen Schnitt setzen und abbrechen.
Darm und Innereien entfernen. Dann zwischen Karkasse und Schwanzfleisch einen Löffel führen, das Fleisch lösen und von der Karkasse abheben.
Die Beine mit einer drehenden Bewegung herausziehen. Um sie auslösen zu können, müssen zunächst die vorderen Gelenke abgedreht werden. Die Schalen mit der Hummerzange aufbrechen, eventuell ein Stück mit dem Messer aufschneiden. Das Fleisch mit einer Hummergabel herausziehen.
Bei einer anderen Methode bleibt das Schwanzfleisch als ganzes Stück erhalten.
Dazu wird der weichere Bauchpanzer an den Seiten mit der Schere aufgeschnitten und kann dann leicht abgehoben werden. Vorher das Fleich etwas lockern, damit nichts am Panzer hängenbleibt.

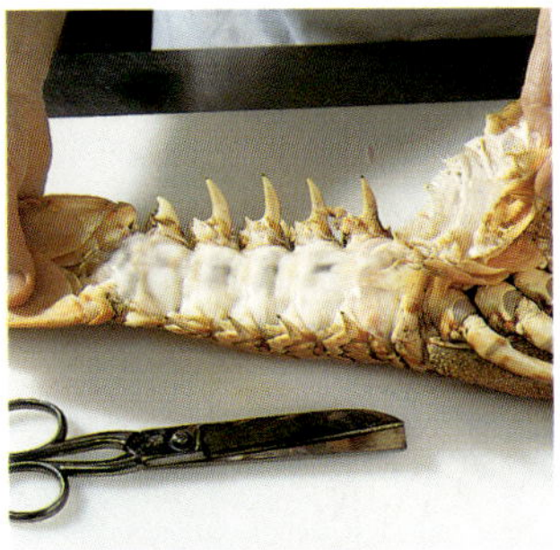

Um das Fleisch ganz herauszulösen, eine Hand zwischen Rückenpanzer und Fleisch schieben und das Fleisch vorsichtig vom Panzer abheben.

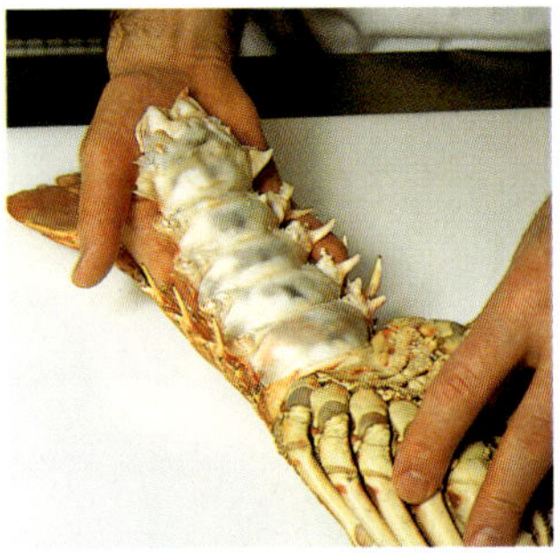

Garnelen und Scampi schälen

Zuerst den Kopf mit leichter Drehung aus der Schale ziehen. Zum Herauslösen des Fleischs gibt es drei Möglichkeiten: Sie schneiden die Schale auf der Bauchseite, wo sie weicher ist, auf und lösen dann das Fleisch heraus. Oder Sie lösen die Schalenringe bis auf den Schwanzfächer mit den Fingern rundum ab. Bei der dritten Methode entfernen Sie den ersten Ring der Schale und ziehen dann das Fleisch sorgfältig heraus, dabei klemmen Sie das Schwanzende zwischen Daumen und Zeigefinger.

Je nach Größe enthalten Scampi auch in den Scheren Fleisch. Diese werden am besten mit einer Hummerzange geöffnet.

So entfernen Sie den Darm: Das dunkle herausragende Ende mit den Fingern oder einer Pinzette vorsichtig herausziehen. Oder man schneidet die Rückenseite mit einem scharfen Messer ein, hebt den Darm mit der Messerspitze vorsichtig am Ende an und holt ihn vorsichtig heraus. Der Darm muß auf jeden Fall unverletzt bleiben und sollte nicht abreißen.

Krebse kochen und zerlegen

Flußkrebse werden lebend angeboten, da das Fleisch von getöteten Tieren schnell verdirbt. Man tötet die Flußkrebse in reichlich sprudelnd kochendem Salzwasser (pro Liter Wasser 1 gestrichener Teelöffel Salz), indem man sie einzeln mit dem Kopf voran in das kochende Wasser hineingleiten läßt. Je nach Größe der Krebse können auch mehrere Krebse in einem Kochgang gegart werden. Wichtig ist, daß das Wasser sprudelnd kocht. Deshalb den nächsten Krebs immer erst dann ins Wasser setzen, wenn es wieder sprudelt.

Und so zerlegen Sie den gekochten Krebs: Den Krebsschwanz mit einer drehenden Bewegung vom Körper abziehen. Den Schwanzfächer vom Körper drehen und den anhängenden Darm vorsichtig herausziehen.

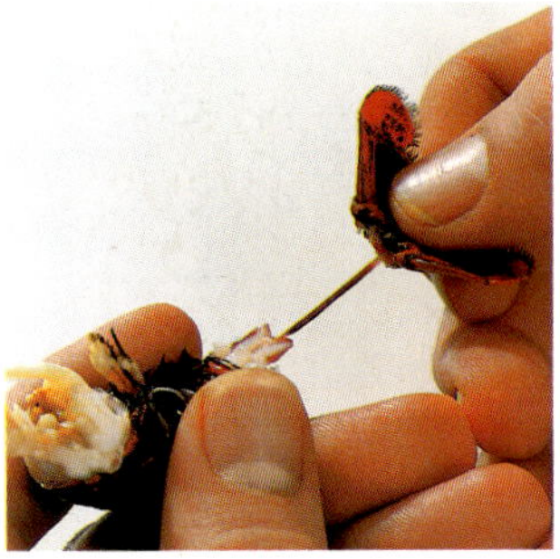

Den Panzer mit Daumen und Zeigefinger so aufbiegen, daß die dünnere Unterseite zerreißt und das Schwanzfleisch herausfällt.
Den Brustpanzer fassen und das gesamte Unterteil mit den Kiemen und Innereien so abheben, daß Schild und Scheren noch zusammenhängen.

Mit der rechten Hand die Scheren mit einer leicht drehenden Bewegung vom Schild trennen. Scheren mit einer Hummerzange aufbrechen und das zarte Fleisch herauslösen.

Austern öffnen

Die Austern unter fließendem kaltem Wasser waschen. Dann die Auster mit einem doppelt gefalteten Tuch halten, damit Sie sich nicht an der rauhen Schale verletzen. Die Auster muß mit der gewölbten Seite nach unten in der Hand liegen. Dann schiebt man ein Austernmesser oder ersatzweise ein stabiles, kurzes Messer zwischen die beiden Schalen und öffnet die Auster mit einer kräftigen Drehbewegung.

Dann führt man das Messer rundum und hebt vorsichtig die obere Schale ab.

Dabei müssen Sie darauf achten, daß Sie die Auster möglichst waagrecht halten, damit keine Flüssigkeit verlorengeht. Kleine Schalensplitter, die beim Öffnen entstanden sind, vorsichtig entfernen.

Jakobsmuscheln vorbereiten

Die Muscheln unter fließendem Wasser gründlich abbürsten. Dann die Muschel mit der flachen Schalenhälfte nach oben mit einem Küchentuch in der linken Hand festhalten. Ein Austernmesser oder ein kurzes, stabiles Messer zwischen die Schalen schieben und die Muschel mit einer kräftigen Drehbewegung öffenen. Den Muskel an der Innenseite der flachen Schale mit dem Messer durchtrennen. Die flache Schale abheben. Nun das gesamte Fleisch mit dem Messer sorgfältig herauslösen.

Das weiße Muskelfleisch, die »Nuß« und den orangefarbenen Rogen, auch »Corail« genannt, abtrennen.

Den grauen Rand und die anderen dunklen Teile entfernen, sie können für die Zubereitung eines Fischfonds verwendet werden.

Vom weißen Muschelfleisch den kleinen, abstehenden Muskel wegschneiden. Das Fleisch vor der weiteren Verwendung kalt abspülen.

Miesmuscheln vorbereiten

Zuerst die Muscheln sortieren: Geöffnete Muscheln, die sich auch bei Fingerdruck nicht schließen, und beschädigte Muscheln wegwerfen. Die Haftfäden, die sogenannten Bärte, die aus der Muschel ragen, mit einem Ruck abreißen. Dann die Muscheln unter fließendem kaltem Wasser mit Hilfe einer kleinen harten Bürste säubern.

Die Muscheln in einer Schüssel mit reichlich kaltem Wasser schwenken, anschließend gut abtropfen lassen und nach Rezept garen.

Wichtig: Nach dem Garen müssen die Muscheln geöffnet sein. Alle, die dann noch geschlossen sind, müssen Sie unbedingt wegwerfen, sie sind verdorben.

Muscheln, die ohne Schalen serviert werden, putzt man nach dem Garen nochmals, indem man die dunklen Randpartien, die am Muskelfleisch haften, entfernt.

Tintenfische vorbereiten

Sepia und Kalmar werden meist vorbereitet angeboten, und auch Tinte bekommt man auf Vorbestellung extra. Wenn Sie aber ein Exemplar mit Tinte kaufen wollen – ebenfalls beim Händler vorbestellen – dann müssen Sie es selbst säubern und zerteilen. Und das geht so:
Bei der **Sepia**: Den Kopf mit den kurzen Fangarmen mit einem scharfen Messer abtrennen. Dann den Tintenfisch der Länge nach aufschneiden. Vorsichtig, damit Sie den Tintenbeutel nicht verletzen.
Den Tintenfisch an den Schnitträndern auseinanderziehen, so daß das sogenannte Fischbein in der Mitte offenliegt und herausgehoben werden kann.
Dann den Tintenfisch mit den Händen fassen, in den Körper greifen und die Eingeweide vorsichtig herausholen. Dabei aufpassen, daß der Tintenbeutel, den man an seinem dunklen Inhalt erkennen kann, nicht verletzt wird.

Nun müssen Sie die Tinte aus dem Beutel drücken. Das geht am besten folgendermaßen: Den Tintenfisch mit beiden Händen festhalten und mit dem Daumen und dem Gegendruck des Zeigefingers die Tinte in ein Gefäß drücken.

Beim **Kalmar**: Der Kalmar hat lange Fangarme und einen größeren Körper als die Sepia. Er muß zusätzlich gehäutet werden. Dazu den Körper fest mit einer Hand halten und mit der anderen die Haut fassen und abziehen.

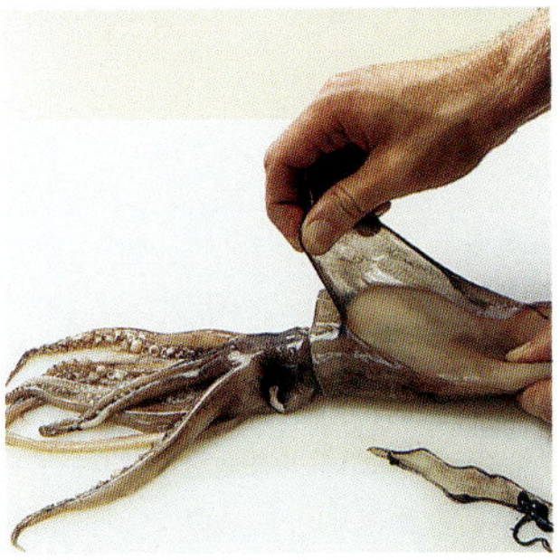

Vorsichtig die eßbaren dreieckigen Flossen vom Körper abziehen und ebenfalls häuten. Dann die Arme, auch Tentakel genannt, in die Hand nehmen und aus dem Körperbeutel ziehen. Die Eingeweide mit dem Tintenbeutel werden dabei mit herausgezogen.

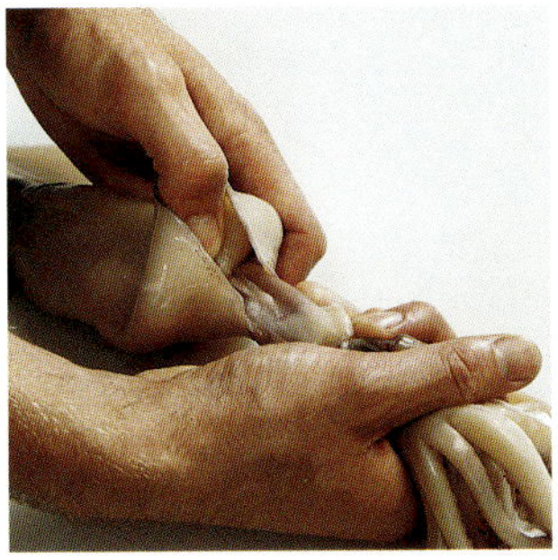

Mit einem scharfen Messer die Arme knapp über den Augen so vom Kopf trennen, daß sie durch einen schmalen Ring miteinander verbunden bleiben. Kopf und Eingeweide werden nicht verwendet.

In dem Ring, der die Fangarme verbindet, befindet sich der Kiefer, der entfernt werden muß. Dazu die Arme in der Mitte von unten greifen und mit dem Zeigefinger die Kauwerkzeuge nach oben herausdrücken.

Das Fischbein aus dem Körper herausziehen.

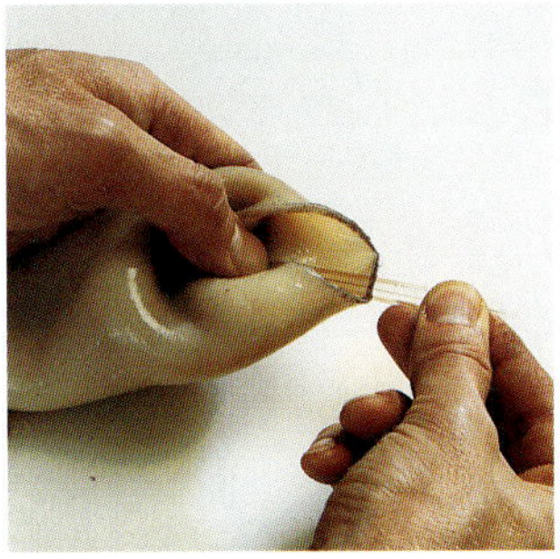

Alle verwertbaren Teile – Körper, Flossen und Fangarme – waschen und wie im Rezept angegeben weiterverarbeiten.

Blaukochen

Dies ist eine Methode, um ganze Süßwasserfische wie Forellen, Saiblinge, Lachsforellen oder Karpfen nährwertschonend, fettarm und optisch ansprechend zuzubereiten. Das Blauwerden wird von der Schleimschicht verursacht. Deshalb muß der Fisch vorsichtig gewaschen werden, damit die Schleimschicht nicht verletzt wird. Anschließend wird

er mit heißem Weinessig, der mit Wasser etwas verdünnt ist, übergossen und etwa 15 Minuten beiseite gestellt. In einem großen Topf – möglichst einem Fischtopf mit Einsatz –, in dem der Fisch der Länge nach Platz findet, kocht man einen kräftig gewürzten Sud auf. Man gibt den Fisch hinein und läßt ihn ohne Deckel darin garziehen, dabei darf der Sud keinesfalls sprudelnd kochen.

Zum Pochieren und Dämpfen eignen sich am besten festfleischige Fische wie Lachs, Forelle, Seezunge und Steinbutt; von den Schaltieren Hummer, Krebse, Garnelen und Muscheln.

Pochieren

Pochieren funktioniert ähnlich wie das Blaukochen, allerdings entfällt das Übergießen mit Essig, und die Fische müssen keine Schleimschicht haben. Kleine Fische werden anders pochiert als große.
Kleine Portionsfische legt man in den heißen Sud und läßt sie in wenigen Minuten garziehen. Ein größerer Fisch wird in kalten Sud gegeben und dann erst erhitzt, beginnend bei schwacher Temperatur bis unter den Siedepunkt. Das ist schonender, denn würde man den großen Fisch in einen heißen Sud legen, würden die äußeren Schichten auslaugen und innen wäre das Fleisch nicht gar.

Übrigens, so können Sie beim Pochieren den Fischgeruch reduzieren: Bedecken Sie den Topf mit einem in Essig getränkten Tuch und legen Sie erst dann den Deckel auf.

Dämpfen

Dämpfen ist eine besonders schonende Garmethode, die Nährstoffe und Aroma des Fisches optimal bewahrt. Das Fleisch der Fischfilets, Fischstücke oder von kleineren Fischen bleibt so besonders saftig und zart. Zum Dämpfen benötigen Sie einen Kochtopf mit Sieb- oder Dämpfeinsatz und gut schließendem Deckel. Wenn Sie keinen passenden Einsatz haben, stellen Sie eine Tasse mit der Öffnung nach unten in den Topf, stellen auf diese Tasse einen Teller, auf den dann der Fisch gelegt wird. Geeignet sind auch Bambusdämpfeinsätze, wie sie in der chinesischen Küche verwendet werden.

Zum Dämpfen gießt man 1 bis 2 Tassen Flüssigkeit – Wasser mit Wein gemischt, beliebig mit Kräutern und Gewürzen aromatisiert – in den Topf und erhitzt sie. Die Flüssigkeitsmenge richtet sich nach der Größe des Topfes. Der Fisch kommt nicht mit der Flüssigkeit in Berührung, er gart im Dampf. Der Einsatz wird mit weicher Butter eingepinselt, darauf legt man den Fisch und hängt oder stellt den Einsatz in den Topf. Mit aufgelegtem Deckel die Flüssigkeit zum Kochen bringen. Den Fisch bei mittlerer Hitze nach Rezept garen. Dabei den Deckel während der Garzeit möglichst nicht abheben, damit kein Dampf entweicht. Die Dämpfflüssigkeit ist übrigens eine sehr gute Grundlage für eine Sauce.

Dünsten

Dünsten heißt Garen im eigenen Saft oder mit wenig Flüssigkeit. Diese Methode ist nährstoffschonend, und der Fisch bleibt wunderbar aromatisch. Zum Dünsten eignen sich sowohl Fischfilets als auch kleinere Fische. Zunächst wird der Fisch in wenig Fett, nach Belieben mit gewürfelten Scha-

lotten und kleingeschnittenem Gemüse, angedünstet. Dann gibt man wenig Wasser, Fischfond oder Wein dazu und gart den Fisch zugedeckt bei schwacher Hitze.

Sautieren oder Pfannenrühren

Beim Sautieren werden Fischwürfel oder -streifen in heißem Fett unter ständigem Rühren bei starker Hitze gegart. Die Methode eignet sich für alle Fischsorten und auch für kleine Krustentiere wie Garnelen, die man im Ganzen verwendet. Das Fischfleisch bleibt bei dieser Methode wunderbar saftig, da es von einem Ölfilm umschlossen wird. Zum Sautieren oder Pfannenrühren können Sie einen Wok oder eine Sauteuse, eine Pfanne mit hohen Rand, verwenden.

Schmoren

Diese Methode ist eine Kombination von Braten und Dünsten. Der ganze Fisch oder Fischstücke werden in Fett angebraten und anschließend in Flüssigkeit – je nach Rezept auch mit saftigem Gemüse wie Tomaten – zugedeckt fertig gegart.

Diese Methode eignet sich vor allem für ganze Fische und Fischstücke mit längerer Garzeit.

Grillen

Diese Garmethode eignet sich besonders für fettreiche Fische wie Lachs, Hering und Makrele. Magere Fische sollten Sie beim Grillen immer wieder mit gewürztem Öl bestreichen, damit sie nicht trocken werden. Sie können Fische über Holzkohle oder im Elektrogrill zubereiten. Wichtig ist, daß der Grill stark erhitzt ist, wenn Sie die Fische auf den Rost legen, und daß der Grillrost höhenverstellbar ist. Kleine Fische vertragen einen geringeren Abstand zur Glut als große, weil sie schnell gar sind. Wenn größere Fische zu dicht über der Glut gegrillt werden, besteht die Gefahr, daß sie außen schon gebräunt und innen noch roh sind. Hier empfiehlt es sich, immer eine Garprobe zu machen.

Braten

Filets und kleine Fische bis etwa 250 g, die knusprig gebräunt werden sollen, brät man bei großer Hitze kurz in Butter oder Öl in der Pfanne. Durch die starke Hitze schließen sich die Poren, und unter der schützenden Kruste bleibt der Fisch schön saftig. Diese Methode wird beim Garen von ganzen Fischen »Müllerin-Art« genannt. In vielen Rezepten werden die ganzen Fische oder Fischfilets vorher in Mehl gewendet. Durch das Mehl erhalten die Fische eine schönere Farbe. Beim Wenden in Mehl muß der Fisch möglichst trocken sein, am besten mit Küchenpapier trockentupfen. Überschüssiges Mehl gut abschütteln.

Braten eignet sich auch bestens für mit Ei und Semmelbröseln panierte Fische oder Fischfilets.
Filets mit Haut sollten zuerst auf der Seite ohne Haut gebraten werden, sonst rollt sich diese durch die Spannung auf.

Fritieren

Beim Fritieren werden Fischstücke, zum Beispiel Seelachs oder Rotbarsch oder kleine Fische im Ganzen in Fett schwimmend ausgebacken. Es gibt verschiedene Möglichkeiten der Zubereitung: Den Fisch vorher in Mehl zu wenden, ist die einfachste Methode. Das Fritiergut zu panieren oder durch einen Ausbackteig zu ziehen, ist etwas aufwendiger, dadurch bleibt das zarte Fischfleisch jedoch besonders saftig. Beim Fritieren erhitzt man reichlich gehärtetes Pflanzenfett oder raffiniertes Öl in einer Friteuse oder in einem großen Topf mit speziellem Drahtkorb, in dem man die fertigen Fischstücke leicht herausheben kann. Das Fett ist heiß genug, wenn an einem hölzernen Löffelstiel, den man ins heiße Fett hält, reichlich Bläschen aufsteigen. Oder man testet die Temperatur, indem man einen Weißbrotwürfel ins Fett gibt. Wird dieser rasch braun, ist das Fett heiß genug.
Zum Fritieren geeignet sind auch Tintenfische und Scampi. Tintenfische müssen vorher kurz blanchiert werden, damit sie weich werden.

Die fertig fritierten Teile läßt man stets auf Küchenpapier etwas entfetten. Fritierte Fischstücke und Meeresfrüchte sofort servieren, man kann sie nicht aufwärmen.

Fisch aus dem Backofen

Vor allem ganze Fische oder größere Fischstücke schmekken hervorragend, wenn sie im Backofen gegart werden. Hierfür gibt es verschiedene Möglichkeiten:

In der Form
Der Fisch wird in eine feuerfeste, gefettete Form gelegt. Dazu gibt man Flüssigkeit, z. B. Fischfond und / oder Wein, sowie je nach Rezept Gemüse. Während des Backens begießt man den Fisch ab und zu mit Flüssigkeit oder bepinselt ihn mit Öl oder zerlassener Butter.

In Alufolie
Der Fisch wird mit Gemüse, Kräutern und Gewürzen in Alufolie gewickelt. Handelt es sich um eine sehr magere Fischsorte, bepinseln Sie die Folie mit weicher Butter oder umwickeln den Fisch mit Speck. Bei dieser Methode bleiben Aroma, Vitamine und Mineralstoffe besonders gut erhalten.

Im Bratschlauch
Den Bratschlauch auf einer Seite verschließen. Fisch, Gemüse, Kräuter, Gewürze und je nach Rezept etwas Wein und Butter in den Schlauch geben. Dann auch auf der anderen Seite gut verschließen. Den Bratschlauch mit einer Nadel einige Male einstechen, damit der Dampf entweichen kann. Das Paket auf den kalten (!) Rost legen und in den vorgeheizten Backofen schieben. Die Folie darf keinesfalls die Ofenwände berühren, sonst wird sie undicht, und Flüssigkeit läuft aus.

Übrigens: Die Garflüssigkeit ist sehr aromatisch und kann gut für eine Sauce verwendet werden.

In der Salzkruste
Einen ganzen Fisch in der Salzkruste zu backen, ist eine eher ungewöhnliche Methode, die aber ein köstliches Ergebnis hervorbringt. Hierfür eignen sich zum Beispiel Meerbrasse, Wolfsbarsch oder Lachsforelle gut. Der Fisch wird nach Rezept vorbereitet, dabei jedoch nicht geschuppt, da die Haut nicht mitgegessen wird. Für die Salzkruste mischt man Salz, am besten grobes Meersalz, mit Eiweiß und Wasser, bis die Masse gut bindet. Die Hälfte der Masse in eine ofenfeste Form, zum Beispiel aus Ton, oder direkt auf ein Backblech streichen. Den Fisch darauf geben und mit der restlichen Salzmasse einhüllen. In der Salzkruste backen funktioniert auch mit purem Meersalz, dieses wird etwa 2 cm hoch auf den vorbereiteten Fisch geschichtet. Die großen Salzkristalle verschmelzen beim Backen zu einer festen Kruste.

Nach dem Backen wird der Fisch in der Salzkruste auf den Tisch gebracht. Die feste und leicht bräunliche Salzkruste vorsichtig aufbrechen, dabei eventuell einen Hammer zu Hilfe nehmen. Den Fisch dann häuten, filetieren, mit Zitronensaft beträufeln und servieren.

Fischfond

Ein Grundrezept

Fischfond ist die Grundlage für aromatische Suppen und delikate Saucen. Sie können ihn fertig – im Glas oder in manchen Fischgeschäften frisch zubereitet – kaufen. Hier ist das Rezept für alle, die ihren Fischfond selbst zubereiten wollen.

Zutaten für etwa 750 ml Fischfond:
1 kg Fischabschnitte von mageren Edelfischen (Köpfe und Gräten von Seezunge, Steinbutt u. ä.; nicht vom Lachs, er ist zu fett)
2 Stangen Lauch
1 kleine Fenchelknolle
1 Möhre
1 Petersilienwurzel
2 Stangen Staudensellerie
1/2 l trockener Wein
2 Lorbeerblätter
1 TL weiße Pfefferkörner
Salz

1 Die Fischabschnitte unter fließendem kaltem Wasser waschen. Die Kiemen aus den Fischköpfen entfernen. Am besten, Sie bitten bereits den Fischhändler darum.

2 Den Lauch waschen, putzen und die weißen und hellgrünen Teile in etwa 2 cm lange Stücke schneiden. Fenchel waschen, putzen und längs achteln. Möhre und Petersilienwurzel schälen und längs vierteln. Sellerie waschen, putzen und grob zerkleinern.

3 Die Fischabschnitte mit Gemüse, Wein, 1 1/2 l Wasser, Lorbeerblättern und Pfefferkörnern in einem großen Topf zum Kochen bringen. Den Schaum abschöpfen.

4 Den Sud offen bei mittlerer Hitze etwa 30 Min. kochen lassen. Dann durchsieben, wieder in den Topf geben und offen weiterköcheln, bis der Sud um etwa ein Drittel reduziert ist. Mit Salz abschmecken.

Tip: Restlichen Fischfond können Sie für Ihren Vorrat sehr gut in kleinen Bechern portionsweise einfrieren. Er hält sich mindestens 3 Monate.

Garzeitentabelle für Fisch und Meeresfrüchte

Pochieren (im Sud Garziehen lassen)	**Temperatur**	**Zeit**	
Fischfilet, Röllchen	schwache Hitze bis Siedep.	3–5 Min.	
Portionsfische, je 300 g, in heißen Sud einlegen	schwache Hitze bis Siedep.	10 Min.	
Großer Fisch, 1 kg, in lauwarmen Sud einlegen	schwache Hitze bis Siedep.	30 Min.	
Dämpfen			
Fischfilet, Röllchen	schwache/mittlere Hitze	3–5 Min.	
Portionsfische, je 300 g	schwache/mittlere Hitze	10 Min.	
Großer Fisch, 1 kg	schwache/mittlere Hitze	30 Min.	
Dünsten / Schmoren			
Fischwürfel, etwa 3 cm groß	schwache Hitze	2–3 Min.	
Fischfilet 100 g, 1 cm dick (z. B. Scholle)	schwache/mittlere Hitze	1–2 Min.	
Fischfilet 3 cm dick (z. B. Lachs), ca. 300 g	schwache/mittlere Hitze	10 Min.	
Portionsfische, je 300 g	schwache Hitze	10 Min.	
Großer Fisch, 1 kg, z. B. Kabeljau	schwache/mittlere Hitze	20–25 Min.	
Muscheln	starke Hitze	5–7 Min.	
Garnelen, 3–7 cm lang	schwache Hitze	2–3 Min.	
12 cm lang	schwache Hitze	5–6 Min.	
Tintenfisch, in Streifen*	schwache Hitze	35–40 Min.	
Braten in der Pfanne			
Fischfilet natur, 200 g, 2–3 cm dick	mittlere Hitze	2–3 Min.	pro Seite
Fischfilet paniert, 200 g, 2–3 cm dick;			
Frikadellen 4–5 cm dick	mittlere Hitze	3–4 Min.	pro Seite
Portionsfische, je 300 g	mittlere Hitze	4–5 Min.	pro Seite
Garnelen, 3–7 cm lang	mittlere Hitze	2–3 Min.	insgesamt
Garnelen, 12 cm lang	mittlere/starke Hitze	3–4 Min.	insgesamt
Scampi (Langustine, Kaisergranat)	starke Hitze	2–3 Min.	insgesamt
Fritieren			
Tintenfische (Ringe)	starke Hitze	1–2 Min.	
Garnelen, 3–7 cm	starke Hitze	1 Min.	
Scampi (Langostinos, Kaisergranat)	starke Hitze	2 Min.	
kleine ganze Fische (Sardinen)	mittlere/starke Hitze	2 Min.	
Pfannenrühren			
Fischwürfel/-streifen (3 cm dick/1 cm breit)			
z. B. Seeteufel	starke Hitze	1–2 Min.	
Garnelen	starke Hitze	1 1/2 Min.	
Garen im Backofen			
im Bratschlauch, großer Fisch, 1 kg,			
z. B. Kabeljau	200°	30–35 Min.	
in der Form/in Alufolie:		**Form/Alufolie**	
Fischfilets, 2–3 cm dick, 200 g	225°	7–8 Min./9–10 Min.	
Portionsfische, je 300 g	225°	8–10 Min./10–12 Min.	
Großer Fisch, 1 kg	225°	20 Min./25–30 Min.	

* Tintenfischstreifen 1–2 Std. vorher salzen und mit Zitronensaft beträufeln, damit sie weich werden.

Tip: Es gibt eine allgemeine Empfehlung, den Fisch oder das Filet an der dicksten Stelle zu messen und dann je 2,5 cm Dicke 10 Minuten zu Garen – unabhängig von der Garmethode. Diese Formel ist sicher nützlich, kann aber nur ein Richtwert sein. Zusätzlich sollten Sie in jedem Fall eine Garprobe machen:
Mit der Spitze des Messers an der dicksten Stelle des Fischs einen Einschnitt machen. Wenn das Fischfleisch nicht mehr an den Gräten haftet und nicht mehr glasig aussieht, ist der Fisch gar.

VORSPEISEN

Zutaten für 4 Personen:

4 küchenfertige Rotbarben (von je 150–200 g)
Salz · Pfeffer
2 Knoblauchzehen
1 Bund glatte Petersilie
2 Zweige Basilikum
4 Salbeiblätter
10 EL Olivenöl
3 EL Zitronensaft
4 kleine Stauden länglicher Radicchio di Treviso

Zubereitungszeit: 45 Min.
Pro Portion etwa:
1500 kJ / 360 kcal
29 g EW / 26 g F / 2 g KH

Gelingt leicht

Rotbarben mit Radicchio

Die Fische außen und innen waschen, trockentupfen und mit Salz und Pfeffer einreiben. Den Backofen auf 225° vorheizen.

Für die Vinaigrette die Knoblauchzehen mit 1/2 TL Salz im Mörser zerreiben. Die Kräuter waschen und fein hacken. 4 EL Olivenöl mit Zitronensaft und 2–3 EL Wasser verrühren. Knoblauch, Kräuter und 1 Prise Pfeffer unterrühren.

Radicchio waschen, längs halbieren, kurz in warmes Wasser legen, damit er milder wird. Abtropfen lassen. Den Radicchio auf ein Backblech legen. Mit etwas Salz bestreuen und mit 2 EL Olivenöl beträufeln.

Radicchio, je nach Dicke, 5–10 Min. im Ofen (Mitte, Umluft 200°) backen. Restliches Olivenöl in einer beschichteten Pfanne erhitzen. Die Rotbarben von jeder Seite 3–4 Min. bei mittlerer Hitze behutsam braten. Radicchio und Rotbarben auf vorgewärmte Teller verteilen und mit der Knoblauch-Kräuter-Mischung beträufeln.

Variante: Riesengarnelen mit Radicchio

Statt Rotbarben können Sie küchenfertige Riesengarnelen auf die gleiche Art zubereiten. Die Panzer am Rücken aufschneiden (siehe Seite 33), die schwarzen Därme entfernen. Die Riesengarnelen waschen, trockentupfen, mit Salz und Pfeffer einreiben.

Wie im Rezept beschrieben mit Radicchio zubereiten.

Zutaten für 4 Personen:
1 1/2 kg frische Miesmuscheln
150 g Lauch
100 g Möhren
150 g Knollensellerie
150 g Fenchel
150 ml Gemüsebrühe (Instant oder aus dem Glas)
30 g Butterschmalz
1 EL Rohrzucker
2 EL Sherryessig
100 g Crème fraîche
Meersalz
weißer Pfeffer

Zubereitungszeit: 1 Std.
Pro Portion etwa:
1400 kJ / 330 kcal
26 g EW / 21 g F / 10 g KH

Preiswert

Pochierte Muscheln auf Gemüse

Die geschlossenen Muscheln unter kaltem Wasser waschen, bei Bedarf bürsten und die Bärte entfernen. Offene Muscheln wegwerfen. Die Muscheln in einem Sieb abtropfen lassen. Den Lauch putzen, längs halbieren und waschen. Das übrige Gemüse putzen und waschen. Das ganze Gemüse in feine Streifen schneiden.

Die Gemüsebrühe in einem breiten Topf aufkochen. Die Muscheln hineingeben und zugedeckt 5–7 Min. bei starker Hitze garen. Dabei den Topf ab und zu rütteln. Die Muscheln in ein Sieb schütten, den Sud auffangen und durch ein feines Sieb seihen. Alle Muscheln müssen geöffnet sein. Noch geschlossene Muscheln wegwerfen! Das Muschelfleisch aus den Schalen lösen und beiseite stellen.

Butterschmalz und Zucker in einem flachen Topf bei schwacher Hitze langsam schmelzen lassen. Das Gemüse dazugeben und bei mittlerer Hitze 5 Min. braten. Sherryessig und Muschelsud dazugießen und bei starker Hitze 10 Min. einkochen lassen. Die Crème fraîche darunterrühren und aufkochen. Das Muschelfleisch hinzufügen, mit Salz und frisch gemahlenem Pfeffer würzen und heiß servieren.

Dazu schmecken Petersilienkartoffeln, geschält, gewürfelt und in Gemüsebrühe gegart.

Tip: Anstelle von Wurzelgemüse können Sie Zuckerschoten und Sprossen von Mungobohnen verwenden.

Mit einem fruchtigen Riesling servieren.

Zutaten für 4 Personen:

- 4 küchenfertige Saiblingfilets mit Haut (je etwa 180 g)
- 1 TL weiße Pfefferkörner
- 2 Pimentkörner
- 2 gehäufte TL grobes Meersalz
- 1/4 TL Zucker · 1 Bund Dill

Zubereitungszeit: 30 Min. (+ 24 Std. Marinierzeit)
Pro Portion etwa:
1300 kJ / 310 kcal
59 g EW / 8 g F / 1 g KH

Fürs Buffet

Gebeizte Saiblingsfilets

Die Fischfilets mit den Hautseiten nach unten auf eine Platte legen. Pfeffer- und Pimentkörner im Mörser grob zerstoßen, mit Salz und Zucker vermischen. Dill waschen, grob hacken. Die Fleischseiten der Filets mit der Würzmischung einreiben. Den Dill darüber streuen.

Je 2 Filets mit der Fleischseite aufeinander legen, in Frischhaltefolie wickeln, zwischen 2 Brettchen legen und beschweren. 24 Std. im Kühlschrank beizen. Zwischendurch umdrehen.

Den gebeizten Fisch mit Küchenpapier abtupfen, die Gewürze abreiben. Filets schräg in dünne Scheiben schneiden, dabei von der Haut ablösen. Mit frisch geröstetem Toastbrot servieren.

Fisch-Carpaccio

Restliche Gräten aus dem Fisch zupfen. Die Stücke einzeln in Alufolie wickeln, im Gefrierfach 20 Min. anfrieren, bis sie auf Druck nicht mehr nachgeben, sich aber noch schneiden lassen.

Sellerie waschen, die Blättchen abzupfen, aufheben. Die Stangen in feine Scheibchen schneiden, mit 3 EL Öl und 2 EL Zitronensaft marinieren. 3 EL Olivenöl auf vier Teller streichen, leicht mit Salz bestreuen und mit Zitronensaft beträufeln.

Den Fisch mit einem scharfen Messer etwa 2 mm dünn aufschneiden und glatt auf den Tellern auslegen. Selleriescheiben, -blättchen und die Marinade darüber verteilen, mit Salz und Pfeffer bestreuen und die Vorspeise sofort servieren.

Dazu schmeckt kühler Prosecco.

Zutaten für 4 Personen:

- je 200 g frisches Filet von rotem Thunfisch und Lachs
- 2 Stangen Staudensellerie
- 6 EL Olivenöl
- 4 EL Zitronensaft · Salz
- geschroteter schwarzer Pfeffer

Zubereitungszeit: 40 Min.
Pro Portion etwa:
1400kJ / 330 kcal
21 g EW / 26 g F / 1 g KH

Für Gäste

Graved Lachs

Zutaten für 6-8 Personen:

1 kg Lachsfilet aus dem Mittelteil mit Haut (in zwei gleich großen Stücken)
2 Bund Dill
2 EL grobes Meersalz
1 TL weiße Pfefferkörner
2 EL Zucker

Zubereitungszeit: 45 Min. (+ 3 Tage Marinierzeit)
Bei 8 Personen pro Portion etwa:
1100 kJ / 260 kcal
25 g EW / 17 g F / 3 g KH

Läßt sich gut vorbereiten

Aus dem Lachsfilet eventuell restliche Gräten mit einer Pinzette entfernen. Dill waschen, die Blättchen hacken, die Stengel aufheben. Die Hälfte der Blättchen auf eine tiefere Platte mit Rand streuen. Ein Filetstück mit der Hautseite nach unten auf den Dill legen. Die Dillstengel darauf verteilen.

Salz und Pfeffer im Mörser zerstoßen, mit Zucker mischen und über die Fischhälfte streuen. Die zweite Hälfte mit der Hautseite nach oben daraufgeben, mit restlichem Dill belegen und mit Alufolie abdecken. Mit einem Brett und mit Gewichten beschweren.

Den Lachs 3 Tage in den Kühlschrank legen. Alle 12 Std. herausnehmen und mit dem ausgetretenen Saft beträufeln. Wieder mit Alufolie bedecken, beschweren und kühl stellen.

Den marinierten Lachs abtupfen, den Dillstengel entfernen, Dillblättchen und die Gewürze abstreifen. Mit einem scharfen, langen Messer schräg zur Faser hauchdünne Scheiben von der Haut abschneiden und anrichten.

Mit knusprigen Baguettescheiben oder kleinen Kartoffelpuffern servieren.

Tip: Dazu paßt eine cremig gerührte Sauce aus je 2 EL mittelscharfem Senf und Essig, 1 EL Zucker, 6 EL Öl, Pfeffer und gehacktem Dill.

Das besondere Rezept !

Ob als elegante Vorspeise, als exquisites Abendessen oder auch auf dem Buffet – mit diesem Rezept werden Sie Eindruck machen. Dabei können Sie den Lachs ganz in Ruhe ein paar Tage vorher zubereiten. Lediglich die Sauce – wenn Sie eine dazu servieren möchten –, müssen Sie kurz vor dem Servieren anrühren. Zur Abwechslung können Sie statt Lachs auch mal Lachsforelle, Regenbogenforelle oder Makrele auf diese Art zubereiten.

Zutaten für 4 Personen:

- 500 g Lachsfilet aus dem Mittelteil mit Haut
- 2 Limetten
- Meersalz
- 1 TL Rohrzucker
- 10 kleine Tomaten
- Zitronenpfeffer
- 1 Stück frischer Ingwer (haselnußgroß)
- 2 Knoblauchzehen
- 1/8 l Orangensaft
- 4 EL Öl

Zubereitungszeit: 1 Std. (+ 8 – 12 Std. Marinierzeit)
Pro Portion etwa: 2000 kJ / 480 kcal
38 g EW / 34 g F / 6 g KH

Gelingt leicht

Lachs auf Tomaten-Ingwer-Confit

Das Lachsfilet trockentupfen, eventuell restliche Gräten mit einer Pinzette entfernen. Die Limetten waschen und abtrocknen. Von einer Frucht die Schale abreiben und den Saft auspressen. Das Lachsfilet mit 1 gehäuften EL Meersalz, 1 TL Rohrzucker (davon 1 Msp. zurückbehalten), der abgeriebenen Limettenschale und dem Limettensaft auf beiden Seiten würzen. In Folie wickeln, mit der Hautseite nach oben auf eine Platte legen und 8 – 12 Std. kalt stellen.

Den Backofen auf 200° vorheizen. Die Stielansätze der Tomaten entfernen. Tomaten kurz mit kochendem Wasser überbrühen, häuten und halbieren. Die Tomatenhälften in eine große Gratinfom legen. Mit etwas Salz, 1 Msp. Rohrzucker und Zitronenpfeffer würzen. Den Ingwer schälen, hacken und mit dem Knoblauch durch die Knoblauchpresse drücken. Orangensaft mit der Ingwer-Knoblauch-Mischung verrühren und über die Tomaten gießen. Mit 2 EL Öl beträufeln und im Ofen (Mitte, Umluft 180°) 20 Min. backen.

Das gebeizte Lachsfilet mit einem scharfen Messer von der Haut befreien, dann in fingerbreite Streifen schneiden. Das restliche Öl in einer beschichteten Pfanne erhitzen. Die Lachsstücke darin bei mittlerer Hitze von allen Seiten 3 – 5 Min. braten. Mit den Tomaten auf vorgewärmten Tellern anrichten und mit halbierten Limettenscheiben garnieren.

Dazu schmeckt knuspriges Baguette oder getoastetes Weißbrot.

Dazu paßt ein junger weißer Côtes-du-Jura.

Zutaten für 4 Personen:

- 1 Schalotte
- 250 g gemischte Blattsalate
- 2 EL Sherryessig
- Salz · schwarzer Pfeffer
- 1 TL Dijon-Senf · 4 EL Olivenöl
- 12 ausgelöste Jakobsmuscheln
- Zitronensaft zum Beträufeln
- 2 EL Butter · 1 Knoblauchzehe

Zubereitungszeit: 25 Min.
Pro Portion etwa:
960 kJ / 230 kcal
19 g EW / 16 g F / 6 g KH

Schnell

Jakobsmuscheln auf Blattsalaten

Schalotte schälen und fein hacken. Salate putzen, waschen und abtropfen lassen. Sherryessig, Salz, Pfeffer, Senf und Öl zu einer Marinade verrühren, die Schalotte untermischen.

Jakobsmuscheln waschen, trockentupfen, mit etwas Zitronensaft beträufeln, salzen und pfeffern.

Butter in einer Pfanne erhitzen, die Jakobsmuscheln darin 3 – 4 Min. braten, dabei einmal wenden. Den Knoblauch darüber pressen.

Die Salatblätter behutsam in der Marinade wenden und mit je 3 Jakobsmuscheln auf vier Tellern anrichten.

Dazu paßt Cava (spanischer Sekt) oder Prosecco.

Marinierter Kabeljau

Das Fischfilet in große Würfel schneiden. Mit Zitronensaft beträufeln, salzen und pfeffern. In heißem Butterschmalz insgesamt 6 – 8 Min. braten, dabei einmal vorsichtig wenden. Auf eine Platte legen.

Essig, Salz, Pfeffer und Öl zu einer cremigen Marinade verrühren. Die Hälfte der Radieschen putzen, waschen, klein würfeln und hinzufügen. Die Kresse abbrausen, Blättchen über der Schüssel mit der Marinade abschneiden und durchmischen. Das Ganze über den gebratenen Fischstücken verteilen und zugedeckt 30 Min. im Kühlschrank ziehen lassen.

Den marinierten Kabeljau auf Teller anrichten und mit den übrigen Radieschen garnieren.

Dazu schmeckt kräftiges Bauernbrot mit Butter.

Zutaten für 4 Personen:

- 500 g Kabeljaufilet aus dem Mittelstück
- Zitronensaft zum Beträufeln
- Salz · weißer Pfeffer
- 2 EL Butterschmalz
- 4 EL Weißweinessig · 4 EL Öl
- 1 Bund Radieschen
- 1 Kästchen Kresse

Zubereitungszeit: 25 Min.
(+ 30 Min. Marinierzeit)
Pro Portion etwa:
980 kJ / 230 kcal
22 g EW / 16 g F / 1 g KH

Für Gäste

Zutaten für 4 Personen:

- 10 g frische Hefe
- 2 TL Zucker
- 1/8 l Milch
- Salz
- 1 Ei
- 25 g zerlassene Butter
- je 75 g Weizenmehl und Buchweizenmehl
- 3–4 EL Butterschmalz
- je 75 g schwarzer und roter Kaviar
- 150 g saure Sahne
- 3 Zweige Dill
- 8 Zitronenschnitze

Zubereitungszeit: 45 Min. (+ 1 Std. Ruhezeit)
Pro Portion etwa:
2100 kJ / 500 kcal
18 g EW / 33 g F / 36 g KH

Für Gäste

Blini mit Kaviar

Die Hefe zerbröckeln, mit 1/8 l lauwarmem Wasser und Zucker verrühren. Milch, 1 Prise Salz, Ei, und Butter verquirlen. Hefe und zuletzt das Mehl zufügen. Den Teig noch 1 Std. zugedeckt ruhen lassen (noch lockerer wird er, wenn er zugedeckt über Nacht im Kühlschrank geht).

Den Backofen auf 100° vorheizen. Eine beschichtete Pfanne mit Butterschmalz ausstreichen und erhitzen. Aus je 3 EL Teig kleine goldgelbe Pfannkuchen von 8–10 cm ø backen. Die fertigen Blini abgedeckt im Ofen warm halten.

Kaviar und saure Sahne in Schalen anrichten, mit Dill garnieren. Zitronenschnitze dazureichen.

Dazu schmeckt Champagner, Sekt oder eiskalter Wodka.

Räucherlachs mit Dillgurken

Gurke waschen, mit Schale in hauchdünne Scheiben schneiden oder hobeln. Dill waschen, bis auf ein paar Spitzen fein hacken. Gurkenscheiben und Dill in einer Schüssel mischen.

Apfelessig mit 1/4 l Wasser, Salz, Pfefferkörnern, durchgepreßten Knoblauchsaft, 1 Prise Zucker und Meerrettich aufkochen lassen. Alles durch ein Sieb über die Gurken gießen, 1 Std. ziehen lassen.

Den Räucherlachs auf vier Teller verteilen. Dillgurken abtropfen lassen, neben dem Lachs anrichten, mit etwas Sud beträufeln und mit Dillspitzen garnieren.

Dazu schmeckt knuspriges Baguette.

Zutaten für 4 Personen:

- 400 g Salatgurke · 1 Bund Dill
- 100 ml Apfelessig · 1 TL Salz
- 1 EL schwarze Pfefferkörner
- 2–3 Knoblauchzehen · Zucker
- 1 EL Meerrettich (aus dem Glas)
- 250 g Räucherlachs

Zubereitungszeit: 20 Min. (+ 1 Std. Marinierzeit)
Pro Portion etwa:
570 kJ / 140 kcal
15 g EW / 6 g F / 5 g KH

Für die schlanke Linie

Fischtatar mit Gemüsecarpaccio

Zutaten für 4–6 Personen:

250 g ganz frisches Heilbuttfilet
250 g ganz frisches Lachsfilet
1 unbehandelte Limette
Salz · Zucker
1 EL Sesamöl (Asienladen)
1 EL milder Senf
1 Prise gemahlener Koriander
100 g Zucchini
100 g Egerlinge oder Champignons
100 g reife Tomaten
1 EL Apfelessig
2 EL Olivenöl
1 Prise Zitronenpfeffer
Kerbelblättchen zum Garnieren

Zubereitungszeit: 40 Min.
Bei 6 Personen pro Portion etwa:
740 kJ / 180 kcal
18 g EW / 11 g F / 2 g KH

Für Gäste

Heilbutt- und Lachsfilet mit einem scharfen Messer in etwa 3 mm dünne Streifen schneiden. Die Lachs- und Heilbuttstreifen fein würfeln und getrennt in Schüsseln geben.

Limette waschen, die Hälfte der Schale dünn abreiben und mit 1 EL Limettensaft, 1/2 TL Salz, 2 TL Zucker und dem Sesamöl verrühren. Mit den Heilbuttwürfelchen mischen. Die Lachswürfel mit 1/2 EL Limettensaft, Senf, 1 Prise Zucker, Koriander und Salz abschmecken.

Zucchini und Pilze putzen, Zucchini waschen, beides in dünne Scheiben schneiden. Tomaten vom Stielansatz befreien, waschen, achteln, durch ein Sieb streichen und mit Essig, Öl, Zitronenpfeffer und Salz würzen.

Das Lachstatar in der Tellermitte anrichten, Heilbuttatar, Pilz- und Zucchinischeiben drumherum anrichten, mit der Tomaten-Vinaigrette beträufeln und mit Kerbel hübsch garnieren.

Variante:
Fischtatar mit Reibeplätzchen

Zu dem Tatar schmecken gut knusprige Reibeplätzchen. Dafür 400 g Kartoffeln schälen, waschen und fein reiben. 200 g Möhren sowie 100 g Zwiebeln schälen, ebenfalls fein reiben und mit den Kartoffel vermengen. 2 Eier, 1 EL feingehackte Petersilie, 1 Prise Salz und Pfeffer unterrühren. Aus jeweils 1–2 EL Teig in heißem Fett goldbraune Plätzchen backen.

Forellen-Lachs-Terrine mit Champagnersauce

Zutaten für 6 Personen:

Für die Terrine:
1 Limette
250 g Lachsfilet
Meersalz
500 g frisches Forellenfilet
100 g kleine grüne Bohnen
500 g Sahne (eiskalt)
4 EL trockener Wermut
1 Prise Cayennepfeffer
Für die Sauce:
1/4 l Geflügelfond (aus dem Glas)
250 g Sahne
1/8 l Champagner
Meersalz
weißer Pfeffer
Und: Terrinenform von 1 l Inhalt
dicke Tiefkühlfolie

Zubereitungszeit: 50 Min.
(+ 1 Std. Garzeit)
Pro Portion etwa:
1800 kJ / 430 kcal
27 g EW / 34 g F / 4 g KH

Für Gäste

Fruchtiger Champagner, z.B. aus Chardonnay-Trauben von der Côte Blanche, ist eine gute Ergänzung.

Die Limette heiß abspülen und abtrocknen. Die Schale dünn abreiben, den Saft auspressen. Das Lachsfilet quer in etwa 1 cm dicke Streifen schneiden. Mit der Limettenschale, 1 EL Limettensaft und etwas Salz würzen. Das Forellenfilet würfeln und für 10 Min. zugedeckt in den Kühlschrank stellen.

Die Bohnen putzen, waschen und in kochendem Salzwasser je nach Dicke 10–12 Min. garen. In Eiswasser kurz abschrecken, gut abtropfen lassen oder trockentupfen.

Die kalten Forellenwürfel im Mixer pürieren, durch ein nicht zu feines Sieb streichen und noch weitere 10 Min. zugedeckt kalt stellen. Die Terrinenform so mit Folie auslegen, daß zum Abdecken der Oberfläche ein Stück überhängt.

Die Forellenfarce nochmals pürieren und dabei langsam die kalte Sahne und den Wermut dazugießen. Mit Cayennepfeffer und Salz würzen. Die Fischfarce in 3, die Lachsstreifen und die Bohnen in 2 Portionen teilen. Die Terrinenform abwechselnd mit der Farce, den Lachsstreifen und den Bohnen füllen. Die Oberfläche glattstreichen und mit der überhängenden Folie abdecken. Damit es keine Luftblasen gibt, die Form mehrmals kräftig auf den Tisch stoßen.

Den Backofen auf 110° vorheizen (Umluft 100°, nicht vorheizen). Die Saftpfanne des Backofens mit heißem Wasser füllen. Die Form hineinsetzen und die Terrine im Ofen (unten) in etwa 1 Std. garen. Dann aus dem Wasser nehmen und 15 Min. abkühlen lassen.

Für die Sauce den Geflügelfond und die Sahne bei starker Hitze unter gelegentlichem Rühren auf die Hälfte einkochen lassen. Den Topf vom Herd nehmen, Champagner unterrühren und die Sauce mit Salz und Pfeffer würzen.

Die Terrine vorsichtig stürzen, mit einem scharfen Messer in Scheiben schneiden und auf vorgewärmten Tellern anrichten. Die warme Sauce darübergießen.

Dazu schmeckt ofenfrisches Baguette.

Tip: Eine schnelle Variante und feine Resteverwertung ist folgende Terrine: 250 g gegartes Fischfilet mit Limettensaft, Salz und Pfeffer fein pürieren. 250 g Sahne steif schlagen, 2 weiße, eingeweichte und aufgelöste Gelatineblätter unter die Sahne heben. Das Ganze unter die Fischfarce ziehen und in Portionsförmchen füllen. Vor dem Stürzen mindestens 3 Std. zugedeckt kühl stellen.

Im Mixer pürierte Forellenfarce durch ein Sieb streichen, um restliche Gräten zu entfernen.

Terrinenform so mit Folie auslegen, daß zum Abdecken ein Stück überhängt.

Fischfarce, Lachsstreifen und Bohnen abwechselnd in die Terrine füllen.

Zutaten für 6 Personen:

- 6 grüne Spargelstangen
- Salz
- 120 g Räucherlachs
- 125 g Sahne
- 1/2 Päckchen Sahnesteif
- 6 Blatt weiße Gelatine
- 400 ml Fischfond (Grundrezept S. 38 oder aus dem Glas)
- 100 ml Weißwein
- 1 EL Estragonblättchen
- 1 Spritzer Worcestersauce
- 1–2 EL Weißweinessig
- 400 g Räucheraal
- Und: 1 längliche Form von 1 l Inhalt
- dicke Tiefkühlfolie

Zubereitungszeit: 2 Std. (+ 2 Std. Kühlzeit)
Pro Portion etwa: 1400 kJ / 330 kcal
19 g EW / 26 g F / 2 g KH

Für Geübte

Sülze von Aal und Lachs

Den Spargel waschen, nur das untere Drittel schälen, holzige Enden abschneiden. Die Stangen in kochendem Salzwasser 10–15 Min. garen und in Eiswasser abschrecken. Die Lachsscheiben flach auslegen. Die Sahne mit Sahnesteif schaumig schlagen und auf die Lachsscheiben streichen. Die Spargelstangen in der Länge der Lachsscheiben abschneiden, auf die Sahne legen, das Ganze aufrollen und mindestens 45 Min. kalt stellen.

Die Gelatine in kaltem Wasser 5 Min. einweichen. Fischfond und Weißwein 5 Min. zusammen kochen. Die Estragonblättchen fein hacken. Gelatine im heißen Sud auflösen. Estragon dazugeben und alles mit Worcestersauce, Essig und Salz kräftig würzen.

Den Boden einer länglichen Form mit Folie abdecken (die Sülze läßt sich dann besser stürzen), etwa 3 mm hoch mit der Gelatinemischung ausgießen und diese 30 Min. kalt stellen, bis sie fest ist.

Den Aal häuten, die Filets von der Mittelgräte ablösen und der Länge nach auf das steife Gelee legen. Mit flüssigem Gelee auffüllen und 30 Min. kalt stellen. Wenn das Gelee steif ist, die Lachsröllchen einlegen, mit dem restlichen Gelee bedecken und wieder so lange kalt stellen, bis das Gelee fest ist.

Die Sülze stürzen und am besten mit einem elektrischen Messer in Scheiben schneiden. Auf Tellern anrichten.

Dazu schmecken knuspriges Bauernbrot oder Baguette.

Dazu paßt kräftiger Weißwein aus dem Piemont oder Umbrien.

Tip: Gelee wird schneller steif, wenn man eine Form aus dünnem Porzellan oder Edelstahl verwendet und in Eiswasser stellt. Die Sülze schmeckt am besten, wenn man sie 1–2 Tage vorher zubereitet.

Makrelenmousse mit Feldsalat

Zutaten für 4 Personen:

- 1 geräucherte Makrele (etwa 350 g)
- 3 EL Frischkäse
- 2 EL Zitronensaft
- 1 Bund Schnittlauch
- Salz · weißer Pfeffer
- 1 Msp. Cayennepfeffer
- 150 g Feldsalat
- 4 kleine Tomaten
- 2 EL Weißweinessig
- 1 TL mittelscharfer Senf
- 3 EL neutrales Öl

Zubereitungszeit: 30 Min. (+ 30 Min. Kühlzeit)
Pro Portion etwa: 1200 kJ / 290 kcal
21 g EW / 22 g F / 3 g KH

Gelingt leicht

Die Makrele häuten, die Filets von den Gräten lösen und mit Frischkäse und Zitronensaft im Mixer fein pürieren.

Den Schnittlauch waschen, in feine Röllchen schneiden und, bis auf 1 EL, unter die Creme heben. Die Masse mit Salz, Pfeffer und Cayennepfeffer kräftig abschmecken. Zugedeckt 30 Min. kühl stellen.

Inzwischen den Feldsalat putzen und waschen. In einem Sieb gut abtropfen lassen. Die Tomaten von den Stielansätzen befreien, waschen und achteln.

Aus Essig, Senf, Salz, Pfeffer und Öl eine cremige Marinade rühren, den Feldsalat darin wenden und mit den Tomatenachteln auf vier Tellern anrichten.

Von der Makrelenmousse mit zwei Eßlöffeln Nocken abstechen, neben den Salat setzen und mit restlichem Schnittlauch bestreuen.

Dazu schmeckt getoastetes Graubrot mit Butter.

Dazu paßt ein trockener Weißwein, z. B. Pinot Grigio

Forellen-Tomaten-Schaum

Zutaten für 4 Personen:

- 4 Blatt weiße Gelatine
- 125 g Sahne
- 1/8 l Geflügelfond (aus dem Glas)
- 250 g geräuchertes Forellenfilet
- 1–2 EL Limettensaft
- weißer Pfeffer
- 1/8 l Tomatensaft
- 1 Msp. Selleriesalz
- 1 Spritzer Tabasco · Salz
- Und: 4 Portionsfömchen (je 200 ml Inhalt)

Zubereitungszeit: 45 Min. (+ 3 Std. Kühlzeit)
Pro Portion etwa: 800 kJ / 190 kcal
15 g EW / 14 g F / 2 g KH

Für Geübte

Je 2 Gelatineblätter getrennt in kaltem Wasser einweichen. Die Sahne steif schlagen. Den Geflügelfond erhitzen und 2 ausgedrückte Gelatineblätter darin auflösen. Mit dem Forellenfilet im Mixer fein pürieren und mit Limettensaft und Pfeffer würzen. Die geschlagene Sahne unterziehen. Den Forellenschaum in die Förmchen füllen und für 30 Min. in den Kühlschrank stellen.

2–3 EL Tomatensaft erhitzen. Die übrigen Gelatineblätter ausdrücken und darin auflösen. Mit dem restlichen Tomatensaft, Selleriesalz und Tabasco sowie 1 Prise Salz würzen. Auf dem Forellenschaum verteilen und mindestens 3 Std. kalt stellen. Zum Servieren die Förmchen kurz in heißes Wasser stellen, auf Teller stürzen und mit Limettenscheiben servieren. Dazu schmeckt Friséesalat.

Tip: Bei diesem Gericht ist es wichtig, Geflügelfond statt Fischfond zu verwenden, da sonst der Fischgeschmack zu stark ist. Das gilt auch für andere feine Fischgerichte.

Zutaten für 4 Personen:

1 kg grobes Meersalz
je 4 Stengel glatte Petersilie und Estragon
1 Handvoll Kerbel
75 g Butter
24 frische, gut geschlossene Austern
3 EL Zitronensaft
Salz
2–3 EL Semmelbrösel

Zubereitungszeit: 40 Min.
Pro Portion etwa:
900 kJ / 210 kcal
10 g EW / 17 g F / 6 g KH

Für Gäste

Überbackene Austern

Den Backofen auf 250° vorheizen. Salz auf ein Backblech streuen.

Die Kräuter waschen, fein hacken. Die Butter in einem kleinen Topf schmelzen. Die Austern waschen und zum Öffnen mit der gewölbten Seite nach unten mit einem gefalteten Tuch festhalten. Ein kurzes, starkes Messer zwischen die Schalen schieben, durch eine kräftige Drehung öffnen (siehe Seite 34).

Das Austernfleisch ablösen, in die unteren, gewölbten Schalen legen und auf das Blech setzen. Mit Zitronensaft beträufeln. Kräuter, 1 Prise Salz und Semmelbrösel aufstreuen. Die Butter großzügig darüber verteilen. Die Austern im Ofen (Mitte, Umluft 220°) 3–4 Min. backen.

Dazu paßt Champagner, Sekt oder trockener Weißwein.

Kräutermuscheln

Den Backofen auf 220° vorheizen. Muscheln waschen, offene wegwerfen. Die geschlossenen in 1/8 l kochendes Wasser geben, bei starker Hitze 5–8 Min. garen, bis sie sich geöffnet haben. Jetzt noch geschlossene Muscheln wegwerfen.

Weißbrotbrösel mit Wein beträufeln. Knoblauch und Kräuter hacken, mit Parmesan, Eigelb, Brotkrümeln und 2 EL Öl verrühren. Mit Salz und Pfeffer würzen. Die leeren Muschelhälften abbrechen und wegwerfen. Die Schalen mit den Muscheln auf ein Backblech legen, mit der Füllung bedecken, mit dem übrigen Öl beträufeln und im Backofen (Mitte, Umluft 200°) in 5 Min. goldbraun überbacken.

Zutaten für 4 Personen:

1 kg frische Miesmuscheln
2 EL Weißbrotbrösel
1 EL trockener Weißwein
2 Knoblauchzehen
je 3 Stengel Petersilie, Kerbel und Dill · 3 EL Parmesan
1 Eigelb · 4 EL Olivenöl
Salz · schwarzer Pfeffer

Zubereitungszeit: 40 Min.
Pro Portion etwa:
890 kJ / 210 kcal
19 g EW / 13 g F / 3 g KH

Preiswert

Meeresfrüchtesalat

Zutaten für 4–6 Personen:

150 g Filet eines festfleischigen Fisches (z. B. Red Snapper, Zander oder Seewolf)
150 g küchenfertiger Kalmar
500 g frische Mies- oder Venusmuscheln
150 g küchenfertige, geschälte Garnelen
1–2 TL Sambal Manis (Asienladen)
50 ml Fischsauce (Asienladen)
50 ml Limettensaft
2 EL Zucker
3 Knoblauchzehen
1 kleine Chilischote
1 Frühlingszwiebel
2 Stengel Zitronengras (Asienladen)
Salz

Zubereitungszeit: 30 Min.
Bei 6 Personen pro Portion etwa:
440 kJ / 100 kcal
18 g EW / 1 g F / 5 g KH

Schnell

Das Fischfilet in 2 cm breite Streifen, den Kalmar in gleich große Stücke schneiden. Die Muscheln gründlich waschen, geöffnete Exemplare aussortieren und wegwerfen.

In einem breiten Topf 200 ml Wasser aufkochen lassen. Garnelen, Fisch und Kalmar hineingeben und zugedeckt 2–3 Min. bei sanfter Hitze garen. Mit einem Sieblöffel aus dem Sud heben und in eine große Schüssel legen.

Muscheln in den Topf geben und zugedeckt 5 Min. kräftig kochen lassen, bis sie sich öffnen. Anschließend in einem Sieb abtropfen lassen, jetzt noch geschlossene Muscheln wegwerfen.

Sambal Manis, Fischsauce, Limettensaft und Zucker zu einer Sauce verrühren. Knoblauch schälen und in Scheiben schneiden. Chilischote putzen, von Frühlingszwiebeln und Zitronengras die Wurzelansätze und die harten, dunkelgrünen Teile entfernen. Alles waschen, abtropfen lassen, in dünne Ringe schneiden und unter die Sauce mischen.

Das Muschelfleisch aus den Schalen lösen. Mit der Sauce zu den Meeresfrüchten geben. Den Salat vorsichtig vermengen und, falls nötig, mit Salz abschmecken. Auf Teller verteilen und sofort servieren.

Dazu schmeckt knuspriges Baguette.

Zum Meeresfrüchtesalat paßt gut ein kühles Bier.

Das besondere Rezept !

Besonders in den Monaten Juni und Juli freuen sich die Matjes-Fans auf diesen Klassiker. Denn dann sind die Fische besonders zart und schmackhaft – und verwandeln ein bodenständiges Gericht in eine wahre Delikatesse, die kinderleicht gelingt und sich schon am Vortag zubereiten läßt. Für zwei Personen wird daraus ein komplettes Essen, wenn Sie Pellkartoffeln dazu servieren.

Zutaten für 4–6 Personen:

2 kleine Zwiebeln
1 Möhre
2 kleine Gewürzgurken
1 säuerlicher Apfel
etwas Zitronensaft
200 g Sahne
150 g Joghurt
1 TL Meerrettich (aus dem Glas)
Salz
weißer Pfeffer
8 küchenfertige Matjesfilets
1 Bund Schnittlauch

Zubereitungszeit: 30 Min.
(+ 2 Std. Marinierzeit)
Bei 6 Personen pro Portion etwa:
1500 kJ / 360 kcal
15 g EW / 30 g F / 6 g KH

Gelingt leicht

Als Getränk paßt ein würziges Bier.

Matjes mit Apfel-Rahm

Die Zwiebeln schälen und in sehr feine Ringe schneiden oder hobeln. Die Möhre schälen und mit den Gewürzgurken in dünne Scheiben schneiden, samt den Zwiebeln in eine Schüssel füllen. Den Apfel schälen, achteln, vom Kernhaus befreien, in Scheiben schneiden und mit etwas Zitronensaft beträufeln, damit sich das Fruchtfleisch nicht verfärbt. Mit in die Schüssel geben.

Die Sahne steif schlagen und mit Joghurt und Meerrettich mischen. Mit Salz, Pfeffer und Zitronensaft abschmecken und unter die Zutaten in der Schüssel mischen.

Die Matjesfilets möglichst nebeneinander in eine Schale legen und mit der Sahnemischung bedecken. Zugedeckt im Kühlschrank mindestens 2 Std. durchziehen lassen.

Vor dem Servieren den Schnittlauch waschen und kleinschneiden. Die Matjesfilets mit der Sauce anrichten und mit Schnittlauch bestreuen. Dazu schmecken Pellkartoffeln oder Bauernbrot.

Variante:
Matjes mit Kerbel-Senf-Sauce

2 Schalotten schälen und fein hacken. 1 Handvoll Kerbel waschen, die Blättchen abzupfen und fein hacken. Mit 100 g saurer Sahne, 150 g Crème fraîche und 2–3 EL Dijon-Senf mischen. Mit Salz, Pfeffer und Zitronensaft abschmecken. 8–10 küchenfertige Matjesfilets in mundgerechte Stücke schneiden und unter die Sauce mischen.

Zutaten für 4–6 Personen:

300 g festkochene Kartoffeln
2 rote Beten (etwa 300 g)
1 Zwiebel · 2 Essiggurken
1 säuerlicher Apfel
Zitronensaft zum Beträufeln
4 Salzheringe, gewässert und filetiert
1 Bund Petersilie
5 EL Essig · 1 TL Senf · Salz
schwarzer Pfeffer · 4 EL Öl

Zubereitungszeit: 45 Min. (+ 30 Min. Marinierzeit)
Bei 6 Personen pro Portion etwa: 1100 kJ / 260 kcal
13 g EW / 14 g F / 19 g KH

Läßt sich gut vorbereiten

Heringssalat mit roten Beten

Kartoffeln und rote Beten waschen und getrennt in 30 Min. garen, anschließend etwas abkühlen lassen.

Inzwischen Zwiebel schälen, fein hacken, Gurken klein würfeln. Apfel schälen, entkernen, klein würfeln und mit Zitronensaft beträufeln.

Kartoffeln und rote Beten schälen, klein würfeln. Heringe waschen, abtrocknen und kleinschneiden. Petersilie waschen und fein hacken. Alle vorbereiteten Zutaten in eine Schüssel geben.

Aus Essig, Senf, Salz, Pfeffer und Öl eine Marinade rühren. Über die Zutaten gießen, gut mischen und den Salat 30 Min. ziehen lassen.

Ein kühles Bier schmeckt am besten dazu.

Heringssalat mit Walnüssen

Die Kartoffeln mit Schale in 25–30 Min. garen, abkühlen lassen. Inzwischen die Matjesfilets quer in etwa 1 cm breite Streifen, Gewürzgurken und Kalbsbraten in schmale Streifen schneiden.

Die Kartoffeln pellen. Die Zwiebel und den Apfel schälen. Zwiebel fein hacken, den Apfel vom Kerngehäuse befreien, mit den Kartoffeln in Würfel schneiden.

Mayonnaise, saure Sahne, Salz, Pfeffer und 1 Prise Zucker miteinander verrühren. Die Walnüsse grob hacken. Alles locker vermengen.

Dazu schmecken verschiedene Sorten dunkles Brot oder Baguette.

Zutaten für 4–6 Personen:

300 g festkochende Kartoffeln
4 Matjesfilets · 2 Gewürzgurken
150 g kalter Kalbsbraten
1 Zwiebel · 1 säuerlicher Apfel
50 g Mayonnaise · Salz
100 g saure Sahne · Pfeffer
Zucker · 50 g Walnußkerne

Zubereitungszeit: 50 Min.
Bei 6 Personen pro Portion etwa: 1400 kJ / 330 kcal
15 g EW / 21 g F / 16 g KH

Gelingt leicht

Zutaten für 4 Personen:
500 g rohe ungeschälte Garnelen
2 rote Chilischoten, frisch oder getrocknet
6–8 Knoblauchzehen
100 ml Olivenöl
Salz
schwarzer Pfeffer

Zubereitungszeit: 20 Min.
Pro Portion etwa:
1200 kJ / 290 kcal
21 g EW / 21 g F / 5 g KH

Aus Spanien

Knoblauch-Garnelen

Die Garnelen aus den Schalen lösen, am Rücken aufschlitzen und die Därme entfernen. Kalt waschen und trockentupfen.

Frische Chilischoten waschen, längs aufschlitzen, entkernen, ausspülen (Vorsicht, danach gleich Finger waschen!) und in schmale Ringe schneiden. Getrocknete Chilischoten zerdrücken. Knoblauchzehen längs vierteln.

Das Olivenöl in einer Pfanne stark erhitzen. Chili, Knoblauch und Garnelen hineingeben, leicht salzen und pfeffern und insgesamt 2–3 Min. bei starker Hitze braten.
Die Knoblauchgarnelen mit frischem Weißbrot servieren.

Shrimpscocktail mit Avocado

Die Avocados schälen, halbieren, die Steine entfernen und das Fruchtfleisch klein würfeln. Mit 2 EL Limettensaft beträufeln. Schalotte und Knoblauch schälen, sehr fein hacken und auf die Avocados streuen. Die Korianderblättchen fein hacken, dazugeben. Alles salzen und pfeffern.

Den Stielansatz der Tomate entfernen, Tomate überbrühen, häuten, halbieren und entkernen. Das Fruchtfleisch klein würfeln. Die Shrimps mit den Tomatenwürfeln zu den Avocados geben.

Das Olivenöl mit 2–3 EL Limettensaft kräftig verrühren, salzen und pfeffern, die Marinade über die Zutaten gießen und alles mischen. Zum Shrimpscocktail gebuttertes Toastbrot servieren.

Zutaten für 4 Personen:
2 reife Avocados · 1 Limette
1 Schalotte · 2 Knoblauchzehen
1/2 Bund frischer Koriander
Salz · weißer Pfeffer
1 große Fleischtomate
350 g gegarte und geschälte Shrimps
3 EL Olivenöl

Zubereitungszeit: 20 Min.
Pro Portion etwa:
1600 kJ / 380 kcal
18 g EW / 33 g F / 4 g KH

Schnell

Krebssalat mit Gemüsevinaigrette

Zutaten für 4 Personen:

2 Frühlingszwiebeln
2–3 EL Weißweinessig
150 g Tomaten
Meersalz
100 g Champignons
100 g Zucchini
2 EL Zitronensaft
1/2 Bund glatte Petersilie
1/2 Bund Kerbel
125 ml Olivenöl
1 TL Fenchelsamen
1,5 kg Flußkrebse (etwa 30 Stück)
weißer Pfeffer

Zubereitungszeit: 1 1/2 Std.
Pro Portion etwa:
1800 kJ / 430 kcal
30 g EW / 32 g F / 3 g KH

Für Geübte

Frühlingszwiebeln putzen, waschen, klein hacken und mit Essig und der gleichen Menge Wasser 2 Min. kochen. Stielansätze der Tomaten entfernen. Tomaten überbrühen, häuten und entkernen. Das Fruchtfleisch würfeln und salzen. Die Champignons und Zucchini putzen, Zucchini waschen, beides in kleine Würfel schneiden und mit 1 EL Zitronensaft und etwas Salz mischen.

Die Petersilie waschen und klein hacken. Die Kerbelblättchen von den Stielen zupfen (einige für die Dekoration zurückbehalten). Den restlichen Zitronensaft und das Öl verquirlen. Mit der Petersilie, den Frühlingszwiebeln und allen Gemüsewürfelchen verrühren und mit Salz und Pfeffer würzen.

5 l Wasser mit 5 TL Salz und dem Fenchelsamen aufkochen. Wenn es sprudelnd kocht, die Krebse portionsweise hineingeben, sie sind sofort tot. Den Topf von der Kochstelle nehmen. Die Krebse zugedeckt 5–7 Min. ziehen lassen und herausheben und abtropfen lassen. Damit so lange fortfahren, bis alle Krebse gekocht sind.

Jeweils Schwanz und Scheren vom Krebskörper trennen. Das Schwanzfleisch aus dem Panzer lösen und den Darm entfernen. Die Scheren knacken und das Fleisch auslösen (siehe Seite 33). Das warme Krebsfleisch mit der Gemüsevinaigrette mischen. Den Salat mit Kerbel garnieren und lauwarm servieren.

Dazu schmeckt knuspriges Stangenweißbrot.

Tip: Am besten ist es, die Krebse in zwei großen Töpfen zu kochen. Da bei jedem Tier, das man in den Topf gibt, sich das Wasser immer wieder abkühlt, muß unbedingt darauf geachtet werden, daß Wasser oder Sud vor jeder neuen Zugabe sprudelnd kocht.

SUPPEN UND EINTÖPFE

Zutaten für 4 Personen:

1 kleine Zwiebel
1 EL Butter
1 geräucherte Forelle (etwa 350 g)
800 ml Fischfond (Grundrezept S. 38 oder aus dem Glas)
Salz · weißer Pfeffer
1 EL Zitronensaft
1 Bund Schnittlauch
200 g Sahne

Zubereitungszeit: 25 Min.
Pro Portion etwa:
1200 kJ / 290 kcal
19 g EW / 21 g F / 3 g KH

Schnell

Cremesuppe aus Räucherfisch

Zwiebel fein hacken und in der heißen Butter weich dünsten. Forelle häuten, die Filets ablösen und mit den abgekühlten Zwiebelwürfeln im Mixer fein pürieren. Den Fischfond in einem Topf aufkochen lassen, das Forellenpüree unterrühren und die Suppe mit Salz, Pfeffer und Zitronensaft abschmecken.

Den Schnittlauch waschen und kleinschneiden. Die Sahne steif schlagen und mit dem Schnittlauch unter die Cremesuppe heben, dann aber nicht mehr kochen lassen.
Dazu schmeckt getoastetes Brot mit Butter.

Sekt oder trockener Weißwein passen gut dazu.

Kräuter-Sahnesuppe mit Schillerlocken

Die Schalotten würfeln und in einem Topf in heißer Butter andünsten, mit Mehl bestäuben. Weißwein, Fischfond und 200 g Sahne aufgießen und 10 Min. leise köcheln lassen. Mit Salz, Pfeffer, Zitronensaft und Safran abschmecken und durch ein Sieb passieren.

Schillerlocken in dünne Scheiben schneiden und in die Teller verteilen. Die Kräuter waschen und hacken. Restliche Sahne steif schlagen und mit den Kräutern unter die Fischsuppe rühren. Über die Schillerlocken in die Teller schöpfen

Info: Schillerlocken sind die gehäuteten, in Streifen geschnittenen und geräucherten Bauchlappen vom Dornhai. Schillerlocken eignen sich gut für Salate und Suppen.

Zutaten für 4 Personen:

2 Schalotten · 1 EL Butter
1 EL Mehl · 150 ml Weißwein
1/2 l Fischfond (Grundrezept S. 38 oder aus dem Glas)
300 g Sahne · Salz
Pfeffer · 2–3 EL Zitronensaft
1 Msp. Safranpulver
200 g Schillerlocken
je 3 Stengel Dill, Kerbel, Petersilie

Zubereitungszeit: 30 Min.
Pro Portion etwa:
2000 kJ / 480 kcal
13 g EW / 39 g F / 6 g KH

Gelingt leicht

Fischsuppe mit Blätterteighaube

Zutaten für 4 Personen:

200 g tiefgekühlter Blätterteig
1 Bund Dill
400 g Schellfischfilet
50 g rohe geschälte Garnelen
2 EL Zitronensaft
Salz
weißer Pfeffer
1 kleine Fleischtomate
1 mittelgroße Möhre
2 Stangen Staudensellerie
1 kleine Zwiebel
2 EL Butter
1 Knoblauchzehe
200 ml Weißwein
400 ml Fischfond (Grundrezept S. 38 oder aus dem Glas)
1 Ei, getrennt
2 TL Sahne

Zubereitungszeit: 45 Min.
Pro Portion etwa:
1800 kJ / 430 kcal
26 g EW / 22 g F / 22 g KH

Für Geübte

Den Blätterteig auftauen. Dill waschen, trockentupfen und die Blättchen fein hacken. Fischfilet in kleine Stücke schneiden, mit Garnelen, Dill und Zitronensaft vermischen. Salzen, pfeffern und zugedeckt kalt stellen.

Stielansatz der Tomate entfernen. Tomate überbrühen, häuten und entkernen. Das Fruchtfleisch fein hacken. Möhre schälen, Staudensellerie waschen, alles in Scheiben schneiden. Zwiebel fein hacken und mit dem Gemüse in heißer Butter andünsten. Den Knoblauch dazupressen.

Das Ganze mit Weißwein ablöschen, Fischfond dazugießen, salzen, pfeffern und zugedeckt 10 Min. köcheln lassen.

Den Backofen auf 200° vorheizen. Die Teigplatten zu Kreisen, etwas größer als die Öffnungen der Suppentassen ausrollen. Fisch, Garnelen und Brühe in vier feuerfeste Suppentassen verteilen. Die Tassenränder mit Eiweiß bepinseln, je einen Teigkreis darauf legen und den Rand bis auf 1 cm abschneiden. Im Backofen (Mitte; Umluft 180°) zunächst 8 Min. backen.

Dann das Eigelb mit der Sahne verquirlen, auf die Blätterteighauben pinseln und alles noch etwa 5 Min. weiterbacken, bis der Teig eine goldgelbe Farbe hat.

Zur Suppe einen deutschen Winzersekt servieren.

Zutaten für 4 Personen:

1 kg frische Miesmuscheln
150 g Möhren
100 g Petersilienwurzel
100 g dünne Zucchini
4 Eigelbe
200 g Crème fraîche
1/2 l trockener Weißwein
2 Lorbeerblätter
2 Knoblauchzehen
50 g Butter
1/2 TL Currypulver
1 TL Speisestärke
3 EL trockener Sherry
Meersalz
Pfeffer
6 Stengel Koriandergrün

Zubereitungszeit: 1 Std.
Pro Portion etwa:
2300 kJ / 550 kcal
21 g EW / 39 g F / 10 g KH

Für Gäste

Muschelsuppe mit Gemüseblumen

Die Muscheln waschen, beschädigte und offene wegwerfen. Die geschlossenen Muscheln in einem Sieb abtropfen lassen.

Möhren und Petersilienwurzel schälen, von den Zucchini Blüten- und Stielansatz abschneiden. Das Gemüse waschen und der Länge nach gleichmäßig 5 dünne Kerben einschneiden, danach mit einem Hobel quer in dünne Blütenblätter schneiden. Die Eigelbe mit der Crème fraîche verquirlen.

Den Wein mit den Lorbeerblättern in einem breiten Topf aufkochen. Die Muscheln dazugeben und zugedeckt bei starker Hitze 5–7 Min. garen. Den Topf dabei ab und zu rütteln. Die Muscheln in ein Sieb schütten, den Sud dabei auffangen. Noch geschlossene Muscheln aussortieren und wegwerfen, den Sud durch ein feines Sieb seihen. Das Muschelfleisch aus den Schalen lösen und mit 100 ml Muschelsud beiseite stellen.

Den Knoblauch fein hacken und in der Butter bei mittlerer Hitze etwa 5 Min. goldgelb andünsten. Die Gemüseblumen dazugeben, 7 Min. mitgaren, mit Curry würzen. Übrigen Muschelsud mit Speisestärke glattrühren und zum Gemüse gießen. 5–8 Min. kochen lassen, dabei öfter umrühren. Die Suppe von der Kochstelle nehmen, Eigelbcreme und Sherry unterrühren und mit Salz und Pfeffer würzen.

Das Muschelfleisch mit dem Sud erhitzen. In die Suppe geben, mit Korianderblättchen garnieren und in vorgewärmten Tellern servieren. Dazu paßt knuspriges Stangenweißbrot.

Zutaten für 4 Personen:

1 große Gemüsezwiebel
2 Knoblauchzehen
4 EL Olivenöl
1 große Dose geschälte Tomaten mit Saft (800 g Inhalt)
1/4 l Fischfond (Grundrezept S. 38 oder aus dem Glas)
1/8 l trockener Weißwein
2 Lorbeerblätter
1 TL getrockneter Thymian
600 g Seelachsfilet (ersatzweise Rotbarsch)
Salz · Pfeffer
1 Prise Cayennepfeffer
1/2 Bund Dill · 100 g Sahne

Zubereitungszeit: 45 Min.
Pro Portion etwa:
1500 kJ / 360 kcal
31 g EW / 18 g F / 10 g KH

Gelingt leicht

Fischsuppe mit Tomaten

Zwiebel und Knoblauch klein würfeln. Das Olivenöl in einem Suppentopf erhitzen, Zwiebel und Knoblauch bei mittlerer Hitze darin unter Rühren glasig dünsten. Tomaten samt Saft dazugeben und mit einer Gabel zerdrücken. Fischfond, Wein und 1/4 l Wasser, Lorbeerblätter und Thymian unterrühren. Die Suppe bei mittlerer Hitze zugedeckt 15 Min. kochen lassen.

Das Fischfilet in mundgerechte Stücke schneiden. Die Suppe mit Salz, Pfeffer und Cayennepfeffer abschmecken. Die Fischstücke darin bei schwacher Hitze 10 Min. zugedeckt ziehen lassen.

Den Dill waschen und trockentupfen. Die Dillspitzen von den Stengeln zupfen und fein hacken. Die Sahne halbsteif schlagen, mit dem Dill vorsichtig unter die Suppe ziehen und sofort heiß servieren. Dazu schmecken geröstete Baguette-Scheiben.

Kabeljau in Gemüse-Essenz

Die Tomaten von den Stielansätzen befreien, waschen und achteln. Die Zwiebeln und die Knoblauchzehe würfeln und in einem Topf bei mittlerer Hitze in Öl anbraten. Die Tomatenachtel, den Liebstöckel und den Fond dazugeben. Alles 15 Min. kochen lassen, anschließend durch ein feines Sieb passieren.

Das Kabeljaufilet in gleichmäßig dicke Streifen schneiden, salzen und zugedeckt kühl stellen. Übrig gebliebene Fischabschnitte fein hacken, mit den Eiweißen vermischen und unter ständigem Rühren mit dem Tomatenfond aufkochen. Vom Herd nehmen, zugedeckt 30 Min. ziehen lassen, dann durch ein Tuch seihen.

Die Essenz nochmals aufkochen, mit Zucker, Pfeffer und Salz abschmecken. Die Fischstücke einlegen und darin zugedeckt bei milder Hitze in etwa 3 Min. gar ziehen lassen. Den Schnittlauch waschen, schneiden und darüber streuen. Die Suppe heiß servieren. Dazu schmeckt frisches oder getoastetes Weißbrot.

Zutaten für 4 Personen:

500 g vollreife Tomaten
250 g Gemüsezwiebeln
1 Knoblauchzehe
1 EL Öl
3–4 Blätter Liebstöckel
1/4 l Fischfond (Grundrezept S. 38 oder aus dem Glas)
400 g Kabeljaufilet
Meersalz
2 Eiweiße
1 Prise Zucker
weißer Pfeffer
Schnittlauch zum Garnieren

Zubereitungszeit: 1 1/2 Std.
Pro Portion etwa:
620 kJ / 150 kcal
21 g EW / 3 g F / 10 g KH

Für die schlanke Linie

Zutaten für 4 Personen:

2–3 Scheiben Toastbrot ohne Rinde
200 g Sahne (eiskalt)
200 g Hechtfilet
1 Limette
Meersalz
100 g Champignons
1 Glas Rote-Beten-Scheiben (330 g Inhalt)
3/4 l Geflügelfond (aus dem Glas)
weißer Pfeffer
1 Kästchen Kresse

Zubereitungszeit: 1 Std.
Pro Portion etwa:
1700 kJ / 400 kcal
28 g EW / 19 g F / 31 g KH

Für Gäste

Rote-Beten-Suppe mit Hechtklößchen

Das Toastbrot zerbröseln und mit 3 EL Sahne verrühren. Das Hechtfilet, wenn nötig, von restlichen Gräten befreien, würfeln, im Mixer pürieren und durch ein Sieb streichen. Mit 1 TL Limettensaft, der abgeriebenen Limettenschale und Salz kräftig würzen. Die Farce für 10–15 Min. ins Tiefkühlfach stellen.

Danach nochmals pürieren, dabei langsam die eiskalte Sahne dazugießen und das Toastbrot unterrühren. Mit zwei Teelöffeln Klößchen formen, auf Pergamentpapier setzen und kurz kalt stellen. Währenddessen die Pilze putzen und in dünne Scheiben schneiden.

In einem flachen Kochtopf 1 1/2 l Wasser zum Kochen bringen. Das Papier mit den Klößchen hineintauchen und, sobald sich die Klößchen lösen, wieder herausziehen. Die Hitze reduzieren und die Klößchen, ohne zu kochen, in 15 Min. gar ziehen lassen.

Währenddessen von den roten Beten 4 Scheiben in Streifen schneiden. Die restlichen roten Beten mit ihrem Saft und dem Geflügelfond pürieren und durch ein Küchentuch seihen. Die Suppe aufkochen lassen, Pilze hinzugeben, mit Limettensaft und Pfeffer würzen. In vorgewärmte Teller verteilen, die abgetropften Klößchen obenauf setzen und mit Kresse bestreuen.

Tip: Der Teig für die Klößchen muß sehr gut abgeschmeckt sein. Besonders hübsch sieht die Suppe aus, wenn man zusammen mit den Champignons dünne Streifen von Zucchinischalen dazu gibt.

Dillsuppe mit Forellennockerln

Zutaten für 4 Personen:

150 g frische Forellenfilets ohne Haut
1 Scheibe Weißbrot, entrindet
1 Eiweiß
Salz · weißer Pfeffer
2–3 EL Zitronensaft
1 EL trockener Wermut
200 g Sahne
1 Schalotte
50 g Räucherspeck
1 EL Butter
3/4 l Gemüsebrühe (Instant oder selbst gekocht)
1–2 EL feingehackter EL Dill
1 EL Crème fraîche

Zubereitungszeit: 1 Std.
Pro Portion etwa:
2300 kJ / 550 kcal
20 g EW / 47 g F / 9 g KH

Für Geübte

Die Forellenfilets und das Weißbrot in kleine Würfel schneiden. Zusammen mit Eiweiß, Salz, Pfeffer, 1 EL Zitronensaft, Wermut und 100 g Sahne im Mixer fein pürieren. Bis zum Gebrauch zugedeckt im Kühlschrank aufbewahren.

Schalotte würfeln, Speck in Streifen schneiden, beides in Butter andünsten. Mit Gemüsebrühe und 100 g Sahne aufgießen. Das Ganze 10 Min. leise köcheln lassen. Die Suppe durch ein feines Sieb gießen, erneut erhitzen.

Aus dem Fischteig mit Hilfe von zwei Eßlöffeln kleine Nockerln formen, dabei die Löffel immer wieder in heißes Wasser tauchen. Nockerln portionsweise in leicht siedendem Salzwasser 8–10 Min. ziehen, aber nicht kochen lassen.

Die Suppe mit Dill sowie der Crème fraîche verfeinern, nochmals abschmecken und in vorgewärmte Teller füllen. Zum Schluß die abgetropften Nockerln in die Suppe setzen.

Zu dieser feinen Suppe paßt am besten ein Weiß- oder Roséwein aus der Provence.

Der Tip vom Profi

Um den Geschmack der Nockerln zu prüfen, immer (!) ein Probeklößchen zubereiten. Dazu einen Teeleöffel der Farce in siedendem Wasser 3–4 Min. garen. Beim Probieren können Sie jetzt feststellen, ob die Farce schon gut schmeckt, oder ob Sie sie mit Salz, Pfeffer und Wermut nachwürzen sollten.

Das besondere Rezept !

Currypulver und Kokosraspel sorgen hier vor allen Dingen für den ungewöhnlichen Geschmack. Die sättigende Suppe, die fast ein Eintopf ist, gelingt ohne Mühe und eignet sich vorzüglich für ein asiatisches Essen. Gemüse- und Fisch lassen sich vielfältig austauschen, so daß immer neue Variationen möglich sind. Wenn Sie Gäste erwarten, können Sie alles soweit vorbereiten, daß nur noch die Fischstücke eingelegt und kurz gegart werden müssen. Pürierte Suppe und zerteilte Filets dafür abgedeckt im Kühlschrank bereit halten.

Zutaten für 4 Personen:

2 Zwiebeln
1 Knoblauchzehe
2 grüne Paprikaschoten
1 Möhre
4 EL Sonnenblumenöl
50 g Kokosraspel
2 EL Currypulver
1 Prise Cayennepfeffer
100 ml Fischfond (Grundrezept S. 38 oder aus dem Glas)
Salz
1 EL Honig
600 g Seelachsfilet
3 EL feingehackte Korianderblätter (ersatzweise Petersilie)

Zubereitungszeit: 1 Std.
Pro Portion etwa:
1300 kJ / 310 kcal
30 g EW / 12 g F / 19 g KH

Gelingt leicht

Exotische Fischsuppe

Zwiebeln und Koblauch klein würfeln. Paprikaschoten waschen, halbieren und putzen, Möhre waschen, putzen und beides würfeln. Öl in einem Suppentopf erhitzen. Das Gemüse darin unter Rühren bei mittlerer Hitze 2–3 Min. dünsten.

Kokosraspel, Currypulver und Cayennepfeffer unterrühren.1 l Wasser, Fischfond, 1 TL Salz und Honig hinzufügen. Alles zugedeckt bei mittlerer Hitze 15–20 Minuten köcheln lassen, bis das Gemüse weich ist.

Den Fisch in mundgerechte Stücke schneiden. Die Suppe vom Herd nehmen. Das Gemüse in der Flüssigkeit fein pürieren oder durch ein Sieb passieren.

Das Ganze erneut erhitzen, die Fischstücke hineingeben und zugedeckt bei schwacher Hitze in 7–8 Min. garziehen lassen. Die Suppe mit Salz abschmecken, die gehackten Korianderblätter untermengen. Dazu schmeckt frisches Baguette sehr gut.

Variante:
Fischsuppe mit Süßkartoffel und Banane

Diese exotische Suppe erhält eine besonders fruchtige Note, wenn Sie statt Paprikaschoten 1 dicke Süßkartoffel (gewürfelt) mitgaren. Außerdem zusammen mit dem Fisch 1 gewürfelte Banane in die Suppe geben. Diese schön scharf mit Cayennepfeffer abschmecken.

Zutaten für 6 Personen:

2 kg küchenfertige Mittelmeerfische (z. B. Knurrhahn, Wolfsbarsch, Seeteufel, Merlan, Meerbarbe)
250 g kleine Tintenfische
500 g frische Miesmuscheln
2 Stangen Staudensellerie
1 große Zwiebel
5 Knoblauchzehen
1 Bouquet garni (2 Lorbeerblätter, einige Petersilien- und Thymianzweige, 1 Gewürznelke, etwas Fenchelkraut und einige schwarze Pfefferkörner)
1 Tomate
5 EL Olivenöl
1/2 l trockener Weißwein
4 Kartoffeln
1 Msp. gemahlener Safran
Salz
schwarzer Pfeffer

Zubereitungszeit: 2 Std.
Pro Portion etwa:
2000 kJ / 480 kcal
62 g EW / 10 g F / 15 g KH

Für Geübte

Bouillabaisse

Fische und Tintenfische waschen. Köpfe und Flossen von den Fischen abschneiden. Die Filets samt Haut von den Gräten lösen, in Stücke schneiden und zugedeckt kühl stellen. Die Miesmuscheln gründlich bürsten, offene und beschädigte Exemplare wegwerfen. Die Fischabfälle in 2 l Salzwasser zum Kochen bringen.

Staudensellerie grob zerschneiden, Zwiebel und 2 Knoblauchzehen grob hacken. Alles mit dem Bouquet garni in die Fischbrühe geben und 1 Std. bei schwacher Hitze köcheln lassen.

Die Miesmuscheln zugedeckt bei starker Hitze in 1/4 l Wasser 5–7 Min. kochen. Jetzt noch geschlossene Muscheln wegwerfen. Muschel- und Fischsud zusammen durch ein Sieb gießen.

Tomate vom Stielansatz befreien. Tomate kurz überbrühen, häuten, halbieren und entkernen. Das Fruchtfleisch fein würfeln. Restlichen Knoblauch hacken, beides in einem Topf in heißem Olivenöl mit den Tintenfischen 5 Min. dünsten. Weißwein und Fischsud angießen. Kartoffeln schälen, waschen, in dünne Scheiben schneiden und in die Suppe geben. Mit Safran, Salz und Pfeffer würzen. Zugedeckt bei schwacher Hitze 10 Min. köcheln lassen.

Die Fischfilets in den Topf geben und 5–7 Min. garziehen, aber nicht kochen lassen. Die Hälfte der Muscheln für die Suppe aus den Schalen lösen, restliche mit den Schalen in die Suppe geben.

Tip: Die Bouillabaisse, wie in der Provence üblich, mit warmem Baguette, Sauce Rouille und Aioli (aus dem Glas) servieren.

Fischtopf mit Oliven

Zutaten für 4 Personen:

- 1 große Zwiebel
- 2 Zucchini
- 2 Fenchelknollen
- 2 EL Olivenöl
- 800 ml Fischfond (Grundrezept S. 38 oder aus dem Glas)
- 1 kleine Dose geschälte Tomaten (400 g Inhalt)
- Salz · weißer Pfeffer
- 750 g gemischtes Seefischfilet
- 2 EL Zitronensaft
- 4 Knoblauchzehen
- 5 EL Mayonnaise
- 100 g schwarze, entsteinte Oliven

Zubereitungszeit: 50 Min.
Pro Portion etwa:
2000 kJ / 480 kcal
37 g EW / 27 g F / 12 g KH

Gelingt leicht

Zwiebel fein hacken, Zucchini waschen, putzen, längs vierteln und in dünne Scheiben schneiden. Fenchel waschen, putzen, vierteln und in Streifen schneiden. Das Fenchelgrün beiseite stellen.

Das Gemüse in heißem Olivenöl andünsten. Mit Fischfond aufgießen, Tomaten samt Saft hinzufügen. Salzen, pfeffern und zugedeckt 30 Min. köcheln lassen.

Inzwischen das Fischfilet in kleine Stücke schneiden. Mit Zitronensaft beträufeln, salzen und pfeffern. Zugedeckt in den Kühlschrank stellen.

Knoblauch schälen und durch die Presse drücken. Mit 2 EL Fischbrühe und der Mayonnaise vermischen, in den Eintopf rühren. Den Fisch dazugeben, bei schwacher Hitze zugedeckt 6 Min. garziehen lassen.

Die Oliven in Scheiben schneiden, das Fenchelgrün fein hacken. Zusammen in den Fischtopf rühren und das Gericht abschmecken.

Knoblauchfisch

Zutaten für 4 Personen:

- 2 Zwiebeln · 6 Knoblauchzehen
- 1 kg Tomaten · 6 EL Olivenöl
- 1/4 l Fischfond (Grundrezept S. 38 oder aus dem Glas)
- 1/4 l trockener Weißwein
- 1 kg Fischfilet (z. B. Rotbarsch, Kabeljau oder Merlan)
- 3 EL Zitronensaft
- Salz · 3 EL Mehl
- 4 EL feingehackte Petersilie
- schwarzer Pfeffer

Zubereitungszeit: 1 Std.
Pro Portion etwa:
1500 kJ / 360 kcal
47 g EW / 9 g F / 12 g KH

Gelingt leicht

Die Zwiebeln und Knoblauchzehen schälen und in dünne Scheiben schneiden. Die Tomaten von den Stielansätzen befreien. Tomaten überbrühen, häuten, halbieren, entkernen und würfeln.

In einem Topf Zwiebeln und Knoblauch in 3 EL Öl glasig dünsten. Tomaten, Fond und Wein darunterrühren. Zugedeckt alles 30 Min. bei schwacher Hitze köcheln lassen.

Inzwischen den Fisch in Portionsstücke teilen, mit Zitronensaft beträufeln, salzen und im Mehl wenden.

In einer Pfanne das restliche Öl mittelstark erhitzen. Den Fisch darin portionsweise 6 Min. braten, dabei einmal wenden, herausnehmen.

Petersilie in die Brühe rühren, mit Salz und Pfeffer abschmecken. Die Fischstücke hineinlegen und darin noch 5 Min. ziehen lassen.

Dazu schmeckt italienisches Weißbrot.

Karpfengulasch

Zutaten für 4 Personen:

200 g Gemüsezwiebeln
300 g rote Paprikaschoten
100 g Knollensellerie
300 g Tomaten
30 g Butterschmalz
1/4 l Hühnerbrühe (Instant)
125 g Crème fraîche
2–3 EL Paprikapulver, edelsüß
Meersalz
750 g Karpfenfilet
Pfeffer
Cayennepfeffer

Zubereitungszeit: 1 Std.
Pro Portion etwa:
1900 kJ / 450 kcal
37 g EW / 30 g F / 9 g KH

Preiswert

Die Zwiebeln fein würfeln. Die Paprikaschoten waschen, halbieren, putzen, mit dem Sparschäler schälen und in dünne Streifen schneiden. Knollensellerie schälen und fein würfeln. Die Tomaten von den Stielansätzen befreien, waschen und achteln.

In einem Topf das Gemüse im heißen Butterschmalz bei mittlerer Hitze 5 Min. anbraten. Hühnerbrühe, Crème fraîche und 1–2 EL Paprikapulver hinzufügen. Mit Salz würzen und zugedeckt 20 Min. bei schwacher Hitze köcheln lassen, dabei ab und zu umrühren.

Das Karpfenfilet salzen, pfeffern und in mundgerechte Würfel schneiden. Zum Gemüse geben. Zugedeckt auf der abgeschalteten Herdplatte, am besten auf der Warmhalteplatte, in 10 Min. garziehen lassen. Das Gulasch mit Salz und einer Prise Cayennepfeffer abschmecken.

Dazu passen feine Eiernudeln oder Graubrot.

Tips: Karpfenfilet sollten Sie beim Händler vorbestellen. Anstelle von Karpfen können Sie auch Schellfisch oder Kabeljau verwenden.

Das Paprikapulver läßt sich gut durch mildes Currypulver ersetzen. Wichtig für ein intensives Aroma ist, daß gemahlene Gewürze, wie zum Beispiel Paprika- und Currypulver, nicht stark erhitzt und nicht zu lange gekocht werden.

Am besten schmeckt dazu ein kühles helles Bier.

ZWISCHENGERICHTE

Zutaten für 4–6 Personen:

- 150 g mehligkochende Kartoffeln
- 150 g Tomaten
- 150 g Möhren
- 150 g Lauch
- 100 g Staudensellerie
- 5 Knoblauchzehen
- 5–6 EL Olivenöl
- 300 ml Fischfond (Grundrezept S. 38 oder aus dem Glas)
- 1 EL Senf
- 1 EL Zitronensaft
- Meersalz
- Cayennepfeffer
- 150 g Schellfischfilet
- 150 g Lachsfilet
- 150 g Seezungenfilet
- 8 Scheiben Baguette
- 100 g kleine, ausgelöste und gegarte Garnelen
- 1/2 Bund Petersilie

Zubereitungszeit: 1 1/4 Std.
Bei 6 Personen pro Portion etwa:
800 kJ / 190 kcal
11 g EW / 9 g F / 16 g KH

Für Gäste

Ragout von Fisch und Meeresfrüchten

Die Kartoffeln waschen und in wenig Wasser in 20–30 Min. weich kochen. Inzwischen die Stielansätze der Tomaten entfernen, Tomaten kurz überbrühen, häuten, achteln und entkernen. Das übrige Gemüse waschen, putzen und in Scheiben schneiden. 2 Knoblauchzehen schälen und fein hacken.

Gemüse mit dem Knoblauch in 2 EL Öl bei mittlerer Hitze 10 Min. andünsten. Fischfond dazugießen und zugedeckt 15–20 Min. bei schwacher Hitze köcheln lassen.

Währenddessen die Kartoffeln pellen und noch warm durch ein feines Sieb streichen. Mit dem restlichen Olivenöl, Senf und Zitronensaft zu einer cremigen Paste verrühren. 3 Knoblauchzehen dazupressen und mit Salz und 1 Prise Cayennepfeffer würzen.

Die Fischfilets in 2–3 cm große Stücke schneiden, unter das Gemüse mischen und bei schwacher Hitze in 8–10 Min. garziehen lassen. Das Ragout mit Salz abschmecken.

Die Baguettescheiben toasten, vierteln und mit der Knoblauchpaste dick bestreichen. Die Garnelen ins Ragout geben und kurz erwärmen. Die Petersilie waschen, Blättchen abzupfen und unterrühren.

Am Tisch die Croûtons in vorgewärmte tiefe Teller geben und das heiße Ragout darüber schöpfen.

Dazu schmeckt am besten ein Weißwein oder Rosé aus der Provence.

Frikassé von Süßwasserfischen

Zutaten für 4–6 Personen:

200 g Zanderfilet
200 g Lachsforellenfilet
200 g Flußbarschfilets (Eglifilets)
2 EL Zitronensaft
Salz
weißer Pfeffer
1 mittelgroße Zwiebel
250 g Champignons
2 Zucchini (etwa 250 g)
2 EL Butter
200 ml trockener Weißwein
1/4 l Fischfond (Grundrezept S. 38 oder aus dem Glas)
150 g Crème fraîche
1/2 Bund Dill

Zubereitungszeit: 45 Min.
Bei 6 Personen pro Portion etwa:
1200 kJ / 290 kcal
22 g EW / 18 g F / 4 g KH

Gelingt leicht

Die Fischfilets in mundgerechte Würfel schneiden. Mit Zitronensaft beträufeln, salzen, pfeffern und zugedeckt kalt stellen.

Die Zwiebel fein hacken. Die Champignons putzen und in feine Scheiben schneiden. Die Zucchini waschen, vom Stielansatz befreien und in Stücke schneiden.

In einem flachen Topf Zwiebel und Champignons in der heißen Butter 5 Min. bei mittlerer Hitze dünsten, dann die Zucchini dazugeben und noch kurz mitdünsten.

Das Gemüse mit Weißwein ablöschen und etwas einkochen lassen. Fischfond dazugießen, Crème fraîche unterrühren, salzen, pfeffern und das Ganze weitere 10 Min. köcheln lassen.

Die Fischstücke in die Sauce legen und zugedeckt bei schwacher Hitze in 5 Min. gar ziehen lassen. Den Dill waschen und bis auf einige Zweige fein hacken. Das Ragout mit Salz und Pfeffer abschmecken, den Dill untermischen, mit Dillzweigen garnieren.

Dazu passen Salzkartoffeln oder Reis.

Tip: Preiswerter wird das Frikassé, wenn Sie dafür Filets von Salzwasserfischen, wie zum Beispiel von Rotbarsch, Kabeljau oder Petersfisch, verwenden.

Trockener Weißwein, z. B. aus Rheinhessen, schmeckt gut dazu.

Zutaten für 4 Personen:
Für den Nudelteig:
25 g Steinpilzpulver (Reformhaus)
300 g Mehl
3 Eier
1 EL Zitronensaft
1 TL Salz
1–2 Eiweiße
Für das Ragout:
1 Hummer (von etwa 900 g)
1 Gemüsezwiebel
1 Knoblauchzehe
100 g Butter
6 EL Cognac
1/4 l trockener Weißwein
1/4 l Kalbsfond (aus dem Glas)
100 g Tomatenpüree
Cayennepfeffer

Zubereitungszeit: 2 Std.
Pro Portion etwa:
3400 kJ / 810 kcal
50 g EW / 31 g F / 66 g KH

Für Geübte

Hummerragout mit Steinpilznudeln

Für die Nudeln Pilzpulver, Mehl, Eier, Zitronensaft, Salz und Eiweiße zu einem glatten Teig verkneten. In Folie einschlagen und 45 Min. ruhen lassen. Den Teig auf Mehl dünn ausrollen, kurz antrocknen lassen, aufrollen und in schmale Nudeln schneiden.

In einem großen Topf 5–7 l Wasser zum Kochen bringen. Den Hummer mit dem Kopf voran hineingeben, den Topfdeckel auflegen (siehe Seite 24). Nach 7–8 Min. den Hummer aus dem Wasser nehmen und abkühlen lassen.

Den Kopf vom Körper trennen und dabei den Saft auffangen. Das Hummerfleisch aus den Schalen brechen, den Darm entfernen (siehe S. 24). Das Fleisch in mundgerechte Stücke schneiden und zugedeckt mit dem Hummersaft beiseite stellen.

Die Hummerschalen klein hacken. Zwiebel und Knoblauchzehe fein würfeln. Mit 1 EL Butter und den Hummerschalen 5–8 Min. anrösten. Mit Cognac ablöschen, Wein und Fond dazugießen. Tomatenpüree einrühren und alles 45 Min. bei schwacher Hitze köcheln lassen.

Anschließend den Fond durch ein feines Sieb passieren und bei mittlerer Hitze auf 1/4 l einkochen lassen. Mit der restlichen warmen Butter verrühren und würzen. Die Hummerstücke mit dem Saft dazugeben und in etwa 15 Min. sanft erwärmen.

Inzwischen in einem großen Topf 5 l Wasser zum Kochen bringen, salzen und die Nudeln darin 4–6 Min. garen. In einem Sieb abtropfen lassen und mit dem warmen Hummerragout servieren.

Dazu schmeckt hervorragend ein Chablis Grand Cru aus dem Burgund

Tip: Gekaufter, bereits vorgegarter Hummer wird meist zu lang und zu heiß gekocht. Beim Aufwärmen besteht die Gefahr, daß er zu trocken wird. Wenn Sie den Hummer selber kochen, ist er garantiert auf den Punkt gegart und schön saftig.

Zutaten für 4 Personen:

- 1 Knoblauchzehe
- 1 Schalotte
- 300 g Spaghettini
- Salz
- 1 EL Olivenöl
- 1 EL Butter
- 1/8 l Prosecco
- 200 g Sahne
- 200 g ausgelöste Nordseekrabben
- schwarzer Pfeffer
- 2 EL grob gehacktes Basilikum
- 2 EL gehackte Walnußkerne

Zubereitungszeit: 30 Min.
Pro Portion etwa:
2400 kJ / 570 kcal
20 g EW / 25 g F / 60 g KH

Gelingt leicht

Spaghettini mit Krabbensauce

Knoblauchzehe und die Schalotte schälen und sehr fein würfeln. Die Spaghettini in reichlich Salzwasser bißfest garen.

Inzwischen in einem Topf Olivenöl und Butter erhitzen, Knoblauch- und Schalottenwürfel darin unter Rühren andünsten. Den Prosecco angießen und 5 Min. bei schwacher Hitze köcheln lassen. Dann die Sahne dazugießen, die Krabben unterrühren und bei milder Hitze heiß werden lassen.

Die Sauce mit Salz und Pfeffer abschmecken, Basilikum untermischen. Spaghettini abgießen, gut abtropfen lassen und mit der Sauce locker vermengen. Auf Teller verteilen und mit Walnüssen bestreuen.

Tip: Statt Krabben können Sie die Spaghettini auch mit gegarten und ausgelösten Muscheln zubereiten.

Dazu schmeckt ein Chardonnay aus Norditalien.

Rochenflügel in Sherryessigsauce

Die Rochenflügel vorsichtig waschen und trockentupfen. Die Schalotten schälen, fein würfeln und in 1 EL Butter bei mittlerer Hitze 5 Min. andünsten.

Fischfond und Sherryessig zu den Schalotten gießen und die Sauce offen noch etwa 15 Min. bei milder Hitze köcheln lassen. Die Kräuter waschen und trockenschütteln. Schnittlauch in feine Röllchen, Estragonblätter in dünne Streifen schneiden.

Den Backofen auf 50° vorheizen. Das Butterschmalz in einer beschichteten Pfanne bei mittlerer Temperatur erhitzen. Die Rochenflügel rundherum salzen und von beiden Seiten jeweils 4–5 Min. braten, aus der Pfanne nehmen und im Backofen warm stellen.

Den Bratensatz mit der Sauce lösen und von der Kochstelle nehmen. Die restliche Butter stückchenweise darnterschlagen. Kapern und Kräuter in die Sherryessigsauce geben. Die Sauce mit Salz und Pfeffer abschmecken und sofort mit den Rochenflügeln anrichten.

Dazu paßt lauwarmer Kartoffelsalat.

Zutaten für 4 Personen:

- 4 gehäutete Rochenflügelstücke, je etwa 150 g (vorbestellen, ersatzweise Scholle oder Seezunge)
- 4–5 Schalotten
- 80 g kalte Butter
- 200 ml Fischfond (Grundrezept S. 38 oder aus dem Glas)
- 2 EL Sherryessig
- 1/2 Bund Schnittlauch
- 1/2 Bund Estragon
- 2 EL Butterschmalz
- 20 g Kapern
- Meersalz · weißer Pfeffer

Zubereitungszeit: 30 Min.
Pro Portion etwa:
1600 kJ / 380 kcal
31 g EW / 26 g F / 0 g KH

Schnell

Zutaten für 4 Personen:

Für den Nudelteig:
300 g Mehl
(+ Mehl zum Ausrollen)
3 Eier
1 EL Zitronensaft
Meersalz
Für die Füllung:
350 g geräucherter Heilbutt
100 g Lachsfilet
300 g Suppengrün
1 EL Butter
1 Eigelb
2 EL Crème double
Meersalz
Für die Sauce:
3–4 Schalotten
1 EL Butter
1/8 l trockener Weißwein
125 g Sahne
1 EL klare Pilzbouillon (Instant)
Pfeffer
Und: 1 Eiweiß zum Bestreichen

Zubereitungszeit: 1 1/2 Std.
Pro Portion etwa:
2900 kJ / 690 kcal
36 g EW / 28 g F / 66 g KH

Für Geübte

Fischravioli

Für die Nudeln das Mehl, 3 Eier, Zitronensaft und 1/2 TL Salz zu einem glatten, festen Teig kneten. In Folie einschlagen und mindestens 30 Min. ruhen lassen.

Für die Füllung 150 g Heilbutt und das Lachsfilet in kleine Würfelchen schneiden. Das Suppengrün putzen, klein hacken und in einer Pfanne in 1 EL Butter 5–8 Min. andünsten. 1 EL vom Gemüse für die Garnitur beiseite stellen, den Rest abkühlen lassen. Eigelb, Crème double und Fischwürfelchen mit dem Gemüse verrühren und salzen.

Den Teig auf Mehl hauchdünn ausrollen und in etwa 8 cm breite Streifen schneiden. Die eine Hälfte der Streifen mit dem verquirlten Eiweiß bestreichen und im Abstand von etwa 4 cm mit einem Teelöffel kleine Portionen der Füllung darauf setzen. Die übrigen Teigstreifen darüberschlagen, an den Rändern gut andrücken und in viereckige Ravioli schneiden.

Für die Sauce die Schalotten würfeln und in einem kleinen Topf in der Butter 5–7 Min. dünsten. Weißwein und Sahne dazugießen, mit der Pilzbouillon würzen und 10 Min. bei schwacher Hitze köcheln lassen.

In einem großen Topf 3 l Wasser aufkochen und salzen. Die Ravioli hineingeben, 6–8 Min. bei mittlerer Hitze garen und gut abtropfen lassen. Die heiße Schalottensauce im Mixer mit dem restlichen Heilbutt pürieren, mit Pfeffer würzen und über die Ravioli gießen. Mit den Gemüsewürfelchen garnieren und servieren.

Tip: Anstelle von Heilbutt können Sie für die Fischravioli auch geräucherten Aal oder Stör verwenden.

Als Getränk eignet sich ein Cabernet-Sauvignon.

Lasagne mit Lachs

Zutaten für 6 Personen:

250 g Kohlrabi
250 g Staudensellerie
250 g Lauch
100 g Butter
Meersalz · weißer Pfeffer
2 EL Mehl
1/4 l Geflügelfond (aus dem Glas)
250 g Crème fraîche
6 EL trockener Wermut
1–2 EL Zitronensaft
750 g Lachsfilet
350 g grüne Lasagneblätter (ohne Vorkochen zu verwenden)
125 g dickes Tomatenpüree
100 g frisch geriebener Parmesan

Zubereitungszeit: 45 Min.
(+ 45 Min. Backzeit)
Pro Portion etwa:
3000 kJ / 710 kcal
41 g EW / 37 g F / 51 g KH

Läßt sich gut vorbereiten

Kohlrabi schälen, Sellerie putzen, Lauch längs einschneiden. Gemüse waschen, in dünne Scheiben schneiden, in 2 EL Butter bei schwacher Hitze 10 Min. dünsten, salzen und pfeffern.

In einem Topf Mehl und 2 EL Butter so lange erhitzen, bis das Mehl goldgelb ist. Geflügelfond, Crème fraîche und Wermut zufügen, glattrühren und 20 Min. zugedeckt kochen lassen. Dabei öfter umrühren. Die Sauce mit Zitronensaft, Salz und Pfeffer abschmecken.

Den Backofen auf 175° vorheizen. Das Lachsfilet in etwa 2 cm dicke Scheiben schneiden und salzen. Eine Gratinform mit Butter ausstreichen. Lasagneblätter, Tomatenpüree, Lachs und Gemüse schichtweise einfüllen, dabei jeweils etwas Sauce darübegeben. Mit etwas Parmesan bestreuen, die restliche Sauce darüber verteilen und mit Butterflöckchen belegen. Im Backofen (Mitte, Umluft 160°) in 45 Min. goldbraun backen.

Besonders gut schmeckt dazu ein Chardonnay aus dem Penedés.

Variante:
Bandnudeln mit Lachs

Dafür 350 g nicht zu weich gekochte Bandnudeln verwenden. In eine gebutterte Gratinform die Hälfte der Nudeln geben, mit Parmesan bestreuen. Darauf einen Teil Gemüse, Lachs und das restliche Gemüse einfüllen, mit Parmesan bestreuen und mit Nudeln abdecken. Die helle Sauce darüber gießen, mit Butterflocken belegen und backen.

Zutaten für 8 Personen:

300 g tiefgekühlter Blattspinat
300 g Möhren
300 g Gemüsezwiebeln
3 EL Butterschmalz
2 Eier
100 g Crème double
Meersalz
schwarzer Pfeffer
300 g Lachsfilet
200 g Zanderfilet
200 g Strudelteig
(2 Packungen à 100 g)
100 g Gruyère, frisch gerieben
100 g Weißbrot, fein zerkrümelt
etwas Öl für das Blech
1 Eigelb
1/4 l Geflügelfond (aus dem Glas)
abgeriebene Schale
von 1/2 Limette
4–5 EL Limettensaft
Öl für das Backblech

Zubereitungszeit: 2 Std.
Pro Portion etwa:
1800 kJ / 430 kcal
25 g EW / 24 g F / 29 g KH

Für Gäste

Lachs-Zander-Strudel

Den Spinat auftauen lassen. Die Möhren schälen, waschen und in feine Streifen schneiden, die Zwiebeln würfeln. Die Hälfte der Zwiebeln und der Möhren im Butterschmalz bei mittlerer Hitze 10 Min. dünsten. In einer Schüssel mit Spinat, Eiern und Crème double verrühren, salzen und pfeffern.

Den Backofen auf 175° vorheizen. Die Fischfilets in 2 cm breite Streifen schneiden, etwas salzen. Den Strudelteig ausbreiten. Die Gemüsefüllung darauf verteilen und mit Gruyère und Bröseln bestreuen. Den Fisch der Länge nach darauf legen und den Teig eng aufrollen. Strudel auf ein geöltes Backblech legen, mit Eigelb bestreichen.

Den Strudel im Ofen (Mitte, Umluft 160°) 30 Min. backen. Inzwischen das restliche Gemüse im Geflügelfond 25 Min. kochen, anschließend im Mixer fein pürieren. Mit Limettenschale, -saft und Salz würzen und zum aufgeschnittenen Strudel reichen.

Tip: Wenn Sie keinen fertigen Strudelteig kaufen können, läßt er sich problemlos selbermachen. Dafür 250 g Mehl mit 50 g flüssiger Butter, 1 Ei und 1 Prise Salz in eine Schüssel geben. Nach und nach etwa 1/8 l lauwarmes Wasser zugießen und alles zu einem glatten Teig verarbeiten. Mindestens 10 Min. mit den Händen durchkneten, bis der Teig elastisch ist und seidig glänzt. Zu einer Kugel formen, mit Öl bestreichen, mit einer angewärmten Schüssel bedecken und etwa 30 Min. ruhen lassen. Dann auf einem bemehlten Tuch so dünn wie möglich ausrollen. Mit den Handrücken unter den Teig fahren und ihn dabei langsam ausdehen, bis er so dünn ist, daß Sie das Muster des Stoffs darunter erkennen können. Dicke Ränder abschneiden.

Dazu schmeckt am besten ein kräftiger alter Riesling.

Zutaten für 4 Personen:

10 getrocknete Mu-Err-Pilze (Asienladen)
250 g Mehl
(+ Mehl für die Arbeitsfläche)
Salz
200 g ausgelöste Garnelen
je 80 g Lauch, Möhre und Sellerie
2 EL dunkle Sojasauce
1 EL Reiswein (Asienladen)
schwarzer Pfeffer
20 dünne blanchierte Lauchstreifen von etwa 15 cm Länge

Zubereitungszeit: 1 1/2 Std.
Pro Portion etwa:
1200 kJ / 290 kcal
15 g EW / 1 g F / 53 g KH

Für die schlanke Linie

Nudelteigtäschchen mit Garnelen

Die Pilze mit heißem Wasser begießen und 30 Min. quellen lassen. Inzwischen Mehl, 1 Prise Salz und etwa 1/8 l Wasser zu einem elastischen Teig verkneten. Diesen mit einer angewärmten Schüssel bedecken und 20 Min. ruhen lassen.

Die Garnelen von den Därmen befreien, waschen, quer in dünne Scheibchen schneiden. Lauch längs einschneiden, alle Gemüse putzen, waschen und fein würfeln. Mit den Garnelen, Sojasauce, Reiswein, Salz und Pfeffer vermengen. Pilze abspülen, abtropfen lassen, hacken und zur Füllung geben.

Den Teig auf einer bemehlten Arbeitsfläche durchkneten, zu einer Rolle mit etwa 5 cm ø formen, diese quer in 16 – 20 Stücke schneiden. Jedes Teigstück zu einem dünnen Kreis von etwa 10 cm ø ausziehen und mit Füllung belegen. Ränder mit einer kleinen Drehung nach oben schlagen und mit jeweils 1 Lauchstreifen zubinden.

In einem breiten Topf etwa 1/2 l Wasser zum Kochen bringen. Dann im Dämpfeinsatz oder in einem Bambusdämpfer die Nudelteigtäschchen portionsweise auf ein feuchtes Tuch legen und in 10 Min. zugedeckt über dem heißem Dampf garen.

Dazu paßt Bier, grüner Tee oder auch Sekt.

Variante:
Nudelteigtäschchen mit Fisch oder Fleisch

Die Teigtäschchen mit Lachswürfeln, Krebsfleisch, Langustenstückchen oder einer Mischung aus gehacktem Schweinefilet und Garnelen füllen. Täschchen in Salzwasser gar ziehen lassen und mit würzigen Saucen aus dem Asienladen servieren.

Zutaten für 4 Personen:
1 Streifen Stockfisch (etwa 150 g, von der Seite abgeschnitten)
250 g festkochende Kartoffeln
1 Lorbeerblatt
1 Zwiebel
3 EL gehackte Petersilie
2 Eier
Salz
schwarzer Pfeffer
1 Prise frisch geriebene Muskatnuß
1–2 EL Zitronensaft
1 l Öl zum Ausbacken

Zubereitungszeit: 1 Std. (+ 24 Std. Einweichzeit)
Pro Portion etwa: 1700 kJ / 400 kcal
5 g EW / 38 g F / 13 g KH

Preiswert

Stockfisch-Bällchen

Den Stockfisch in kaltes Wasser legen und an einem kühlen Platz 24 Std. wässern, dabei zwei- bis dreimal das Wasser wechseln.

Stockfisch abtropfen lassen, in einen Topf legen, mit kaltem Wasser bedecken, Lorbeerblatt zufügen und aufkochen. Den Fisch zugedeckt bei schwacher Hitze 20 – 30 Min. garen. Gleichzeitig die Karoffeln waschen und in wenig Wasser garkochen.

Den Fisch abtropfen und leicht abkühlen lassen. Haut und Gräten entfernen. Fischfleisch zerbröckeln. Kartoffeln pellen und würfeln. Zusammen mit dem Fisch durch den Fleischwolf drehen.

Die Zwiebel fein reiben, mit Petersilie, Eiern, Salz, Pfeffer und Muskat unter die Fisch-Kartoffel-Masse kneten. Mit Zitronensaft würzen. Eßlöffelgroße Portionen mit angefeuchteten Händen davon abnehmen und zu Bällchen formen.

Das Öl in einem Topf oder in der Friteuse stark erhitzen. Die Bällchen portionsweise darin goldbraun ausbacken, auf Küchenpapier abtropfen lassen und warm servieren.

Dazu einen gemischten Salat, Baguette und Zitronenachtel servieren.

Info: Stockfisch ist luftgetrockneter, ungesalzener Dorsch. Die gute Qualität erkennt man am einheitlich hellgelben bis weißen Fleisch. Kühl und trocken gelagert, hält er sich einige Monate, in Folie eingeschweißt bis zu einem Jahr. Die Haltbarmachung durch Trocknung ist vor allem in Norwegen, Portugal und Spanien üblich. Stockfisch sollten Sie rechtzeitig beim Fischhändler vorbestellen.

Ein leichter Rotwein paßt gut dazu.

Fischkrusteln mit Kapern-Senf-Sauce

Zutaten für 4 Personen:

2 mittelgroße mehligkochende Kartoffeln (350–400 g)
300 g Fischfilet (z. B. vom Kabeljau)
2 EL Pinienkerne
2 Eier
3 EL frisch geriebener Parmesan
1 EL frisch gehackte Petersilie
75 g Speisestärke
1/2 TL geriebener Ingwer
Meersalz
schwarzer Pfeffer
100 g geschälte Sesamsamen
300 g Joghurt
2 EL milder Senf
1 TL frisch gehacktes Koriandergrün
2 TL Kapern
750 g ungehärtetes Kokosfett

Zubereitungszeit: 1 1/4 Std.
Pro Portion etwa:
2700 kJ / 640 kcal
30 g EW / 44 g F / 32 g KH

Für Gäste

Die Kartoffeln waschen, mit Schale in 25–30 Min. weichkochen, anschließend pellen, zu Püree zerstampfen und abkühlen lassen.

Das Fischfilet 10 Min. über heißem Salzwasser dämpfen, abkühlen lassen und fein hacken.

Pinienkerne ohne Fett in einer Pfanne bräunen lassen und grob hacken. Fisch, Pinienkerne, Kartoffelpüree, 1 Ei, Parmesan, Petersilie und 2 EL Speisestärke miteinander verrühren und mit geriebenem Ingwer, Salz und Pfeffer würzen.

Aus dem Teig mit angefeuchteten Händen walnußgroße Bällchen formen. Das übrige Ei verquirlen. Die Bällchen zuerst in der restlichen Speisestärke, dann in dem verquirlten Ei und zuletzt in den Sesamsamen wälzen.

Für die Sauce Joghurt und Senf glatt rühren, mit Koriander, Pfeffer und Kapern würzen.

Das Fett in einem Topf erhitzen. Es ist heiß genug, wenn an einem hölzernen Kochlöffelstiel, den Sie ins heiße Fett tauchen, kleine Bläschen aufsteigen. Die Bällchen darin 5–6 Min. backen, auf Küchenpapier entfetten und heiß mit der Sauce servieren.

Tip: Sie können aus der Masse auch kleine Frikadellen formen und in einer beschichteten Pfanne in wenig Fett goldbraun braten.

Schwarzer Reis mit Meeresfrüchten

Zutaten für 6 Personen:

400 g küchenfertiger Tintenfisch (Kalmar oder Sepia)
12 tiefgekühlte rohe Garnelenschwänze
12 ausgelöste Jakobsmuscheln
250 g grüne Bohnen
Meersalz
150 g rote Paprikaschote
250 g Gemüsezwiebel
2 Knoblauchzehen
50 ml Olivenöl
300 g Risotto-Reis (Vialone Nano oder Arborio)
1/8 l trockener Weißwein
2 Beutel Tintenfisch-Extrakt (beim Fischhändler vorbestellen)
800 ml Geflügelfond (aus dem Glas)
schwarzer Pfeffer

Zubereitungszeit: 1 1/2 Std.
Pro Portion etwa:
1900 kJ / 450 kcal
32 g EW / 12 g F / 49 g KH

Für Geübte

Dazu schmeckt am besten ein trockener Weißwein aus Spanien.

Die Tintenfische waschen und häuten. Bei Kalmaren eventuell das noch vorhandene transparente Fischbein entfernen. Die Fangarme abschneiden und die Flossen vom Körper ziehen (siehe Seite 35). Fangarme, Flossen und Körper in kleine Stücke schneiden.

Die Garnelenschwänze aus den Schalen brechen, die Därme entfernen, das Fleisch waschen. Von den Jakobsmuscheln den Rogen ablösen, und die Muscheln ebenfalls waschen. Alle Meeresfrüchte in einem Sieb abtropfen lassen.

Die Bohnen putzen und waschen und in etwa 3 cm lange Stücke brechen. In reichlich Salzwasser 15–20 Min. knackig garen, in Eiswasser kurz abschrecken und gut abtropfen lassen.

Die Paprikaschote waschen, halbieren, putzen und würfeln. Zwiebeln und Knoblauchzehen klein hacken und im Öl bei mittlerer Hitze glasig werden lassen. Die Paprikaschoten und die Tintenfischstücke dazugeben und 4 Min. dünsten.

Den Reis unterrühren und kurz mitdünsten, bis er glasig ist. Den Wein zufügen und völlig einkochen lassen. Tintenfischextrakt unterrühren. Nun nach und nach den heißen Geflügelfond dazugießen, und zwar immer soviel, daß der Reis gerade davon bedeckt ist. Erst wieder nachgießen, wenn die Reiskörner alle Flüssigkeit aufgesogen haben. Wähend der Garzeit von 18–20 Min. immer wieder umrühren. Der Reis muß dabei im offenen Topf ständig leise köcheln.

Etwa 10 Minuten vor Ende der Garzeit die Garnelen und die Jakobsmuscheln samt Rogen unterheben. Der Risotto ist gar, wenn der Reis »al dente«, der Fond aufgesogen und das Gericht nicht trocken ist.

Den Risotto von der Kochstelle nehmen, mit Salz und Pfeffer würzen, die grünen Bohnen unterheben, alles zugedeckt noch 5 Min. ziehen lassen, dann sofort zu Tisch bringen. In tiefen Tellern anrichten.

Tips: Tintenfisch-Extrakt gibt es beim Fischhändler zu kaufen, Sie sollten ihn vorsichtshalber rechtzeitig vorbestellen.

Besonders gut für ein Risotto eignen sich frische Sepia. Diese kleinen Tintenfische sind sehr zart und haben nur eine Garzeit von 15–20 Min. Bei großen und bei allen tiefgekühlten Tintenfischen verlängert sich die Garzeit. Sie sollten Sie eventuell in etwas Fond vorgaren.

Perfekt wird ein Risotto immer nur mit den geeigneten Reissorten. Den Reis vorher aber nicht waschen, weil sonst Stärke verlorengeht, und die ist entscheidend für die cremige Konsistenz.

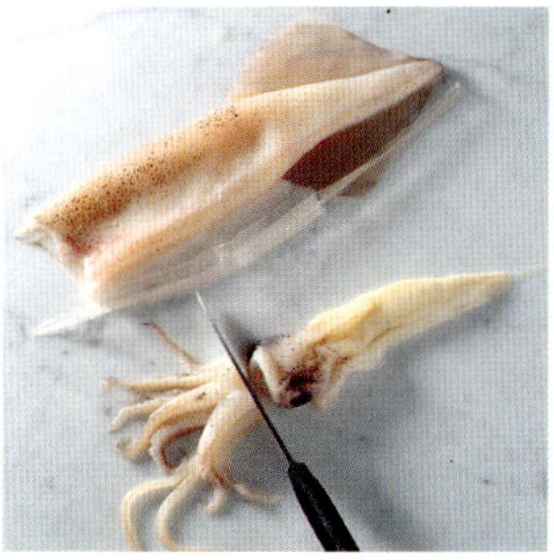

Den Köper und die Fangarme von Kalmaren mit einem scharfen Messer trennen.

Die Garnelenschwänze am Rücken aufschneiden und den dunklen Darm entfernen.

Bei den Jakobsmuscheln vom weißen Muskelstück (Nüßchen) die orangefarbenen Rogen (Corail) vorsichtig abtrennen.

Zutaten für 6 Personen:

- 120 g Langkornreis
- 200 g ausgelöstes Krebsfleisch (ersatzweise gepreßtes Surimi)
- je 200 g Lauch, Möhren, Schalotten
- 50 g ungesalzene Erdnußkerne
- 1 EL Olivenöl
- 3 EL Butter
- 2 EL Erdnußcreme (Reformhaus)
- 2 EL Weinbrand
- Salz
- schwarzer Pfeffer
- 1 EL frisch gehacktes Koriandergrün (ersatzweise Petersilie)
- 12 Timbales oder entsprechende Förmchen

Zubereitungszeit: 45 Min.
Pro Portion etwa:
940 kJ /220 kcal
11 g EW / 16 g F / 5 g KH

Für die schlanke Linie

Erdnußreis-Timbales mit Krebsfleisch

Den Reis in kochendem Wasser in etwa 15–20 Min. garen. Inzwischen das Krebsfleisch in kleine Stücke schneiden. Lauch längs einschneiden, alle Gemüse putzen, waschen und fein würfeln. Die Erdnüsse hacken.

Den Reis gründlich abschrecken und abtropfen lassen. In einem Topf Olivenöl und 1 EL Butter mittelstark erhitzen. Gemüsewürfel und Erdnüsse unter ständigem Rühren darin andünsten. Die Erdnußcreme dazugeben und den Weinbrand unterrühren.

Reis und Krebsfleisch hinzufügen. Ein paarmal durchrühren, mit Salz und Pfeffer würzen, das Koriandergrün darunterheben. Timbales mit der restlichen Butter ausstreichen, die Reismischung bis zum Rand der Förmchen einfüllen, gut festdrücken und auf vorgewärmte Teller stürzen. Sofort servieren.

Dazu passen Krupuk, Mango-Chutney, süß-saure Chilisauce und ein Gläschen Pflaumenwein (Asienladen).

Info: Surimi ist ein Krebsfleischimitat, hergestellt aus zerkleinertem Fischfleisch, Gewürzen, Stärke und Geschmacksstoffen. Diese Masse wird zu Crabsticks u. ä. gepreßt. Die Herstellung solcher Produkte hat ihren Ursprung in Japan. Surimi wird tiefgekühlt, pasteurisiert und sterilisiert angeboten.

Varianten:
Bunte Reistimbales

Anstatt Krebsfleisch gegarte Krabben oder Garnelen verwenden, den Reis mit 1 Döschen Safran goldgelb färben.

200 g Tintenfische (Sepie) andünsten, den Reis mit der Tinte von einem Tintenfischbeutel schwarz färben.

Grüne Timbales mit frisch gehackten, gemischten Kräutern herstellen. Zuletzt 200 g Miesmuscheln unterheben.

200–250 g gemischte Meeresfrüchte mit 1 EL Tomatenmark andünsten und mit Reis für rote Timbales vermengen.

Meeresfrüchte-Risotto

Zutaten für 4–6 Personen:
2 Knoblauchzehen
1 Schalotte
250 g tiefgekühlte Meeresfrüchte ohne Schalen
2 EL Sherry oder Brandy
1 Döschen Safranpulver
2 EL Butter
300 g Risottoreis (Vialone Nano oder Arborio)
1/8 l trockener Weißwein
Salz
schwarzer Pfeffer
800 ml Gemüsebrühe (Instant)
12–18 tiefgekühlte Miesmuscheln mit Schalen
1 EL frisch gehackte Petersilie
8 Zitronenviertel

Zubereitungszeit: 1 Std.
Bei 6 Personen pro Portion etwa:
1400 kJ / 330 kcal
14 g EW / 6 g F / 40 g KH

Für Gäste

Knoblauchzehen und Schalotte fein hacken. Die aufgetauten Meeresfrüchte waschen, abtropfen lassen und mit Sherry oder Brandy beträufeln. Den Safran in 3 EL Wasser auflösen.

In einem breiten Topf die Butter erhitzen, Schalotten und Knoblauchwürfel darin glasig dünsten. Reis einrühren und kurz mitdünsten. Wein zufügen und völlig einkochen lassen. Den Reis salzen und pfeffern.

Safran unterrühren. Nach und nach die heiße Gemüsebrühe dazugießen. Aber immer nur soviel, daß der Reis gerade davon bedeckt ist. Unter gelegentlichem Rühren im offenen Topf 18–20 Min. garen, dabei muß der Reis ständig leicht köcheln. Nach etwa 10 Min. die Meeresfrüchte untermischen.

Die aufgetauten Muscheln in einem breiten Topf mit 1/4 l kochendem Wasser kurz erwärmen. Den Risotto vom Herd ziehen, abschmecken, Petersilie unterrühren und zugedeckt noch 5 Min. ziehen lassen. Mit Zitronenvierteln und Muscheln garniert servieren.

Variante:
Meeresfrüchteragout

400 g frische Meeresfrüchte (Tintenfischchen, Garnelen, Muscheln) mit Schalottenwürfeln in Olivenöl andünsten. Mit 1/4 l Prosecco 10 Min. schmoren lassen, mit 50 g Crème fraîche und frischen Kräutern verfeinern.

Zutaten für 8 Personen:

Für den Teig:
150 g Mehl
4 Eier
1/2 TL Salz
50 g zerlassene Butter
1/4 l Milch
8–10 EL Öl
Für die Füllung:
1 kleine Zwiebel
2 Möhren
2 EL Butter
100 ml trockener Weißwein
250 g Sahne
300 g tiefgekühlte Erbsen
Salz
weißer Pfeffer
1 Bund Petersilie
350 g gegarte, ausgelöste Garnelen
1–2 EL Zitronensaft

Zubereitungszeit: 1 Std.
Pro Portion etwa:
2300 kJ / 550 kcal
24 g EW / 34 g F / 35 g KH

Für Gäste

Crêpes mit Garnelen-Gemüse-Füllung

Für den Teig das Mehl mit den Eiern und dem Salz verrühren. Die zerlassene Butter und die Milch untermischen und den Teig zugedeckt 30 Min. quellen lassen.

Inzwischen für die Füllung die Zwiebel schälen und fein hacken. Die Möhren schälen, waschen und auf einer Gemüsereibe grob raspeln. Beides in einer Pfanne in Butter bei schwacher Hitze unter gelegentlichem Rühren 5 Min. dünsten.

Das Gemüse mit dem Weißwein ablöschen und etwas einkochen lassen. Sahne und Erbsen dazugeben. Salzen, pfeffern und die Füllung bei schwacher Hitze zugedeckt 10 Min. köcheln lassen. Die Petersilie waschen, trockentupfen, die Blättchen von den Stengeln zupfen und fein hacken.

Den Backofen auf 75° vorheizen. Für die Crêpes jeweils etwas Öl in einer Pfanne mittelstark erhitzen. Nacheinander 8 dünne Crêpes ausbacken. Sie brauchen auf jeder Seite etwa 3 Min., um eine goldgelbe Farbe zu bekommen. Die Crêpes zugedeckt im Backofen warm stellen.

Die Garnelen waschen, trockentupfen und in der Füllung kurz erwärmen. Mit Salz, Pfeffer und Zitronensaft abschmecken und die Petersilie darunterrühren. Die Füllung auf die Crêpes verteilen, diese zusammenklappen und sofort servieren.

Variante:
Crêpes mit Champignons

1 Zwiebel fein hacken und in 2 EL Butter andünsten. 500 g Champignons putzen, blättrig schneiden und mitdünsten, bis alle Flüssigkeit verdampft ist. 100 ml Weißwein und 200 g Sahne unterrühren, alles bei schwacher Hitze 8 Min. köcheln lassen. Mit Salz, Pfeffer und Zitronensaft abschmecken. 150 g Räucherlachs in Streifen schneiden und mit 4 EL Schnittlauchröllchen zu den Pilzen geben. Die Crêpes damit füllen.

Zutaten für 8 Personen:

80 g Kichererbsenmehl
70 g Weizenmehl
75 g frisch geriebener Parmesan
3 Eier
1/2 l Milch
Meersalz
2 EL Butterschmalz
250 g Spinat (große Blätter)
75 g Schalotten
100 g Egerlinge
200 g Forellenfilet
1 Eiswürfel
200 g Sahne (eiskalt)
schwarzer Pfeffer
2 EL trockener Wermut
40 g Butter
2 EL Krebsbutter (ersatzweise Hummerbutter)
Und: Butter für die Form

Zubereitungszeit: 45 Min. (+ 30 Min. Backzeit)
Pro Portion etwa: 1500 kJ / 360 kcal
17 g EW / 26 g F / 15 g KH

Läßt sich gut vorbereiten

Kichererbsen-Crêpes mit Forelle

Kichererbsenmehl, 50 g Weizenmehl und Parmesan mit den Eiern, 1/4 l Milch und 1 Prise Salz zu einem glatten Teig verrühren und 30 Min. quellen lassen.

Eine kleine Pfanne mit Butterschmalz ausstreichen und erhitzen. Aus dem Teig bei mittlerer Hitze 8 dünne Crêpes backen.

Den Spinat entstielen, waschen, abtropfen lassen. Die Schalotten fein hacken und im restlichen Butterschmalz goldgelb andünsten. Den Spinat dazugeben und in 5 Min. garen. Die Egerlinge putzen und in dünne Stifte schneiden.

Die Forellenfilets mit dem zerstoßenen Eiswürfel im Mixer pürieren, durch ein Sieb streichen und kalt stellen. Die kalte Farce nochmals pürieren und langsam die eiskalte Sahne hinzufügen. Mit Salz, Pfeffer und trockenem Wermut würzen, auf die Crêpes streichen und mit dem Spinat und den Egerlingen belegen. Die Crêpes aufrollen und in eine gebutterte Gratinform legen.

Den Backofen auf 175° vorheizen. In einem Topf 20 g Butter und das restliche Mehl bei mittlerer Hitze hellgelb anschwitzen. 1/4 l Milch dazugießen, glattrühren und die Sauce 20 Min. bei mittlerer Hitze kochen lassen, dabei öfter umrühren. Die Krebsbutter einrühren, die Sauce abschmecken und über die Crêpes gießen. Die restliche Butter in Flöckchen darauf verteilen.

Die Crêpes im Ofen (Mitte, Umluft 160°) in 30 Min. backen. Heiß in schräge Stücke schneiden und auf Friséesalat servieren.

Dazu paßt am besten trockener Frankenwein.

SÜSSWASSERFISCHE

Zutaten für 4 Personen:
1 Packung tiefgekühlter Blätterteig (300 g)
4 Saiblingsfilets (je etwa 120 g)
150 g Lauch
250 g Egerlinge
150 g Möhren
1 EL Butter
3 EL Crème double
1 EL frisch gehackter Estragon
Salz
weißer Pfeffer
1 Ei
1/2 Bund glatte Petersilie
1/2 Bund Dill
30 g Kerbel
200 g Crème fraîche
100 g Joghurt
1 Prise Zucker

Zubereitungszeit: 1 3/4 Std.
Pro Portion etwa:
3000 kJ / 710 kcal
33 g EW / 52 g F / 32 g KH

Für Geübte

Saibling im Blätterteig

Blätterteig auftauen lassen. Die Fischfilets eventuell von Gräten befreien. Lauch putzen, längs aufschneiden, waschen und in dünne Ringe schneiden. Egerlinge putzen und in Scheiben schneiden. Möhren waschen und in feine Stifte schneiden.

Das Gemüse in einem Topf mit 1 EL Butter bei mittlerer Hitze 10 Min. dünsten, Crème double dazugeben, 5 Min. einkochen lassen, mit Estragon, Salz und Pfeffer würzen, abkühlen lassen.

Blätterteigplatten zu vier Rechtecken von jeweils 20 x 25 cm ausrollen. Jeweils ein Viertel der Gemüsemischung auf die unteren Hälften verstreichen, dabei einen Rand freilassen. Die Filets auf das Gemüse legen, salzen und pfeffern. Teigränder mit Eiweiß bestreichen. Die obere Teighälfte über den Fisch klappen, Ränder mit einer Gabel festdrücken. Teigoberfläche mit verquirltem Eigelb bestreichen. Die Päckchen 30 Min. kühl stellen.

Inzwischen die Kräuter waschen und fein hacken. Crème fraîche mit Joghurt glattrühren und mit den Kräutern, Zucker, Salz und Pfeffer würzen. Den Backofen auf 200° vorheizen.

Die Blätterteigtaschen auf ein kalt abgespültes Backblech legen und im heißen Ofen (Mitte, Umluft 180°) in etwa 20 Min. goldbraun backen. Heiß mit der Kräutercreme servieren.

Dazu schmeckt grüner Salat.

Dazu paßt ein württemberger Riesling.

Gedämpfter Saibling mit Zitronenbutter

Zutaten für 4 Personen:
8 Saiblingfilets (je etwa 120 g)
Salz
weißer Pfeffer
1 EL Zitronensaft
4 EL Wermut
1 kleine Stange Lauch
2 kleine Möhren
1 Stück Knollensellerie (80 g)
1/8 l trockener Weißwein
1 Zitrone
50 g Butter
1 EL frische gehackte Petersilie
etwas Worcestersauce

***Zubereitungszeit:* 45 Min.**
Pro Portion etwa:
1900 kJ / 450 kcal
49 g EW / 17 g F / 9 g KH

Gelingt leicht

Die Saiblingsfilets salzen und pfeffern. Mit Zitronensaft und Wermut beträufeln.

Das Gemüse putzen, den Lauch längs einschneiden. Alles waschen, abtropfen lassen und in dünne Streifen schneiden.

In einem Topf mit Dämpfeinsatz den Weißwein mit so viel Wasser aufkochen, daß der Dämpfeinsatz nicht mit dem Sud in Berührung kommt. Die Saiblingfilets auf den leicht mit Butter bestrichenen Dämpfeinsatz legen. Die Gemüsestreifen darauf verteilen. Das Ganze zugedeckt bei mittlerer Hitze 10 Min. dämpfen.

Inzwischen die Zitrone so schälen, daß auch die weiße Haut entfernt ist. Dann die Filets auslösen. In einer Pfanne die restliche Butter aufschäumen lassen. Zitronenfilets und Petersilie darin kurz schwenken, mit Pfeffer und Worcestersauce würzen

Die Saiblingfilets mit dem Gemüse auf vorgewärmten Tellern anrichten und mit der Zitronenbutter servieren.

Dazu schmecken Butternudeln.

Tip: Verwenden Sie beliebige Fischfilets mit Ihren Lieblingszutaten (klein gehackt); sehr fein schmeckt es auch, wenn Sie Zitronengras und Ingwer mitdämpfen.

Dazu paßt Weißwein aus der Toscana, z. B. Vernaccia di San Gimignano.

Zutaten für 6 Personen:

1 Bund frische, gemischte Kräuter (z. B. Dill, Rosmarin, Thymian, Kerbel und Estragon)
2 küchenfertige Lachsforellen (von je 800 g)
2 kg grobes ungereinigtes Meersalz (Reformhaus)
1 kleiner Bund Bärlauch (ersatzweise Rucola)
150 g zimmerwarme Butter
Salz
schwarzer Pfeffer

Zubereitungszeit: 40 Min.
Pro Portion etwa:
1700 kJ / 400 kcal
35 g EW / 34 g F / 1 g KH

Für Gäste

Lachsforelle in der Salzkruste

Den Backofen auf 225° vorheizen. Die Kräuter waschen, trockentupfen und auf einem Backblech auslegen. Die Lachsforellen waschen, trockentupfen und mit einem zweifingerbreiten Zwischenraum auf das Kräuterbett legen. Mit Meersalz etwa 2 cm dick bestreuen.

Den Fisch im Backofen (Mitte, Umluft 200°) in 25 Min. garen. Inzwischen den Bärlauch fein hacken und mit der Butter, Salz und Pfeffer verrühren.

Zum Servieren das Backblech mit den Lachsforellen auf ein Holzbrett stellen. Die Salzkruste bei Tisch vorsichtig mit einem Hammer aufschlagen. Zu den Lachsforellen die Bärlauchbutter reichen.

Dazu schmeckt gekühlter Blanc de blanc oder Pinot Grigio.

Tip: Speisesalz ist wesentlich billiger, aber für dieses Rezept nicht zu empfehlen. Ungereinigtes Meersalz hat große, unregelmäßige Kristalle, die intensiv nach Meer schmecken und zudem beim Backen zu einer schönen Kruste verschmelzen. Speisesalz ist so fein, daß es am Fisch kleben bleibt und wenig Wasser zum Verkrusten zieht (außer man mischt es mit Eiweiß, siehe S. 30).

Variante:
Fisch in der Salzkruste mit Kräutern und Senf

Lachsforellen, Makrelen, Renken oder Zander innen mit einer Mischung aus 1 EL zerstoßenen Wacholderbeeren, 1 EL Kräuterbutter und 2 EL Dijon-Senf ausstreichen. Dill- und Estragonzweige sowie Zitronenscheiben in den Bauch der Fische legen. Die Fische dann wie beschrieben mit Salzkruste garen.

Zutaten für 4 Personen:
750 g kleine Kartoffeln
4 küchenfertige Forellen
Salz
schwarzer Pfeffer
100 g Butter
2 EL frisch gehackte Petersilie
1–2 Zitronen
Und: etwas Mehl zum Wenden

Zubereitungszeit: 40 Min.
Pro Portion etwa:
2700 kJ / 640 kcal
63 g EW / 29 g F / 34 g KH

Preiswert

Forelle Müllerin

Kartoffeln in wenig Wasser in knapp 20 Min. garen, abgießen und pellen, warm stellen. Die Fische innen und außen mit Salz und Pfeffer würzen, anschließend im Mehl wenden. Backofen auf 100° vorheizen.

In zwei Pfannen je 1–2 EL Butter erhitzen. Die Forellen darin bei mittlerer Hitze auf beiden Seiten insgesamt 10 Min. braten. Herausnehmen, mit Bratbutter beträufeln und warm stellen.

Restliche Butter in eine der Pfannen geben, Petersilie und Kartoffeln darin schwenken und kurz braten. Zu den Forellen servieren. Forellen mit Zitronenscheiben garnieren.

Forelle mit Mandeln

Trauben waschen, entstielen, halbieren und entkernen. Kerbel, Mandeln, 1/2 TL Salz und 1 Prise Pfeffer mischen, auf einem flachen Teller ausbreiten. Backofen auf 75° vorheizen. Eiweiße mit 1 EL Wasser verquirlen.

Filets rundherum im Eiweiß wenden und in die Mandelmischung drücken. 40 g Butter in der Pfanne mittelstark erhitzen. Filets beidseitig in 5–6 Min. goldbraun braten, warm stellen.

Restliche Butter in einer sauberen Pfanne erhitzen. Die Trauben bei mittlerer Hitze 1 Min. dünsten. Wein hinzufügen, aufkochen lassen, alles mit Salz und Pfeffer würzen. Salbei in Streifen schneiden, unter die Trauben mischen und mit dem Fisch anrichten.

Zutaten für 4 Personen:
400 g blaue Weintrauben
4 EL frisch gehackten Kerbel
100 g geschälte und gemahlene Mandeln
Salz · Pfeffer · 2 Eiweiß
8 Forellenfilets (je 80 g)
60 g Butter
6 EL Weißwein
8 Salbeiblättchen

Zubereitungszeit: 45 Min.
Pro Portion etwa:
2300 kJ / 550 kcal
65 g EW / 22 g F / 18 g KH

Gelingt leicht

Wallerfilets auf Gurkengemüse

Zutaten für 4 Personen:
4 Wallerfilets (je etwa 150 g)
1/2 unbehandelte Zitrone (Saft und abgeriebene Schale)
Salz · weißer Pfeffer
1 kg Salat- oder Gärtnergurken
1 Schalotte
2 EL Butter
1 Knoblauchzehe
1/8 l Weißwein
150 g Kräuterfrischkäse
1 Bund Dill

Zubereitungszeit: 30 Min.
Pro Portion etwa:
2300 kJ / 550 kcal
32 g EW / 36 g F / 7 g KH

Schnell

Die Wallerfilets mit Zitronensaft beträufeln, salzen und pfeffern. Die Gurken schälen, längs halbieren, entkernen und in etwa 1 1/2 cm dicke Scheiben schneiden.

Die Schalotte fein hacken, in der Butter andünsten. Knoblauch dazu pressen. Gurken hinzufügen und kurz mitdünsten. Weißwein und Kräuterfrischkäse unterrühren. Salzen, pfeffern, 1 TL Zitronenschale einstreuen, alles zugedeckt bei schwacher Hitze 5 Min. garen.

Dill waschen und fein hacken, unter das Gemüse heben. Die Wallerfilets auf das Gemüse legen und bei schwacher Hitze etwa 10 Min. garen, dabei einmal wenden. Dazu schmeckt Kartoffelpüree.

Ein leichter trockener Weißwein aus Franken oder von der Mosel paßt gut dazu.

Gebratene Wallerfilets

Zutaten für 4 Personen:
1 Schalotte · 25 g Kräuterbutter
1/8 l trockener Weißwein
100 g Sahne · Salz · Pfeffer
1 Kästchen Kresse
4 Wallerfilets (je etwa 150 g)
2 EL Zitronensaft
50 g Butter
Und: etwas Mehl zum Wenden

Zubereitungszeit: 30 Min.
Pro Portion etwa:
2900 kJ / 690 kcal
38 g EW / 50 g F / 6 g KH

Gelingt leicht

Die Schalotte fein hacken und in Kräuterbutter 1 Min. in der Pfanne andünsten. Mit Weißwein aufgießen, bei mittlerer Hitze etwas einkochen lassen. Die Sahne unterrühren, die Sauce mit Salz und Pfeffer abschmecken. Zuletzt die Kresse abschneiden und unter die Sauce heben.

Die Fischfilets mit Zitronensaft beträufeln, salzen, pfeffern und in Mehl wenden. Überschüssiges Mehl abschütteln. Filets in Butter bei mittlerer Hitze je nach Dicke von jeder Seite 3–4 Min. braten.

Die Wallerfilets auf vorgewärmte Teller legen und die Sauce darüber verteilen. Dazu schmecken Petersilienkartoffeln.

Tip: Die Wallerfilets sollten Sie am besten vorbestellen.

Gedämpfter Karpfen auf Zucchini-Rucola-Bett

Zutaten für 4 Personen:
1 küchenfertiger Karpfen von etwa 1,5 kg (vom Händler filetieren und portionieren lassen)
2–3 EL Zitronensaft
Salz
schwarzer Pfeffer
3 kleine Zucchini (350 g)
2 Schalotten
1 Bund Rucola
2 Knoblauchzehen
3 EL Olivenöl
100 ml trockener Weißwein

Zubereitungszeit: 30 Min.
Pro Portion etwa:
1550 kJ / 370 kcal
47 g EW / 13 g F / 2 g KH

Schnell

Die Fischfilets rundherum mit Zitronensaft beträufeln und mit Salz und Pfeffer würzen. Zugedeckt kalt stellen.

Inzwischen die Zucchini waschen, von Blüten- und Stielansätzen befreien und auf der Gemüsereibe grob raspeln. Die Schalotten schälen und fein hacken. Die Rucolablätter waschen, trockentupfen und in schmale Streifen schneiden. Den Knoblauch schälen.

Die Hälfte des Olivenöls in einer Pfanne erhitzen, Zucchiniraspel und Schalotten darin 5 Min. dünsten. Die Hälfte des Rucola untermischen, eine Knoblauchzehe dazupressen und das Gemüse mit Salz und Pfeffer würzen.

Den Weißwein in einen breiten Topf mit Dämpfeinsatz gießen, mit Wasser bis auf etwa 3 cm Höhe auffüllen und zum Sieden bringen.

Das Gemüse auf dem Dämpfeinsatz gleichmäßig verteilen und die Karpfenfilets darauflegen. Die zweite Knoblauchzehe durch die Presse drücken, mit dem übrigen Öl und dem restlichen Rucola mischen und über dem Fisch verteilen.

Die Karpfenfilets im geschlossenen Topf über dem Dampf je nach Dicke in 6–8 Min. garen.

Dazu schmeckt körnig gekochter Reis.

Das besondere Rezept

Gedämpfter Fisch ist ideal für alle, die aus Geschmacks- oder auch aus Gewichtsgründen eine leichte Küche mögen. Beim Dämpfen wird kaum Fett verwendet, alle Zutaten behalten ihren Eigengeschmack. Alles bleibt schön saftig, nichts wird ausgelaugt. Dabei ist die Zubereitung denkbar einfach und der Fisch blitzschnell gar. Genau das Richtige, wenn Sie Ihren Gästen etwas Besonderes bieten wollen und wenig Zeit haben.

Zutaten für 4 Personen:

1 Zwiebel
300 g Äpfel (Boskop)
1 Bund Sauerampfer
1 rote Chilischote
600 g Karpfenfilet
Salz
Pfeffer
1/8 l Weißwein
1 TL Senfkörner
5 Pfefferkörner
1 1/2 EL Butter
100 g Sahne
3–4 EL Dijon-Senf

Zubereitungszeit: 1 Std.
Pro Portion etwa:
1700 kJ / 400 kcal
37 g EW / 22 g F / 11 g KH

Gelingt leicht

Karpfen in Apfel-Senf-Sauce

Zwiebel sehr fein würfeln, Äpfel schälen, vierteln, vom Kernhaus befreien und in Scheiben schneiden. Den Sauerampfer waschen und trockenschütteln, die Chilischote waschen, putzen und entkernen. Beides in feine Streifen schneiden.

Den Fisch rundherum salzen und pfeffern. Den Backofen auf 75° vorheizen. Weißwein mit 1/8 l Wasser, Senf- und Pfefferkörnern in einem Topf mit Siebeinsatz aufkochen. Die Fischfilets nebeneinander in 2 Portionen über dem Sud bei mittlerer Hitze zugedeckt 6–8 Min. im Dampf garen.

Während der Fisch gart, in einer Pfanne die Butter erhitzen, Zwiebel darin bei milder Hitze unter gelegentlichem Rühren 5–6 Min. dünsten, Äpfel dazugeben, 3 Min. mitdünsten.

Den Fisch in Folie einschlagen und im Backofen warm halten. Vom Dämpfsud 1/8 l unter die Zwiebel-Apfelmischung rühren, 5 Min. einkochen lassen, Sahne und Senf dazugeben. Die Sauce mit Salz und Pfeffer abschmecken.

Die Hälfte des Sauerampfers und alle Chilistreifen unter die Sauce mischen. Über die Karpfenfilets gießen und mit dem restlichen Sauerampfer bestreuen.

Dazu passen Petersilienkartoffeln.

Dazu schmeckt am besten ein Bier.

Zutaten für 4 Personen:

- 4 Zanderfilets mit Haut (je 150 g)
- Salz
- 2 TL Steinpilzpulver (Reformhaus)
- 2 EL Mehl
- 150 g Gemüsezwiebeln
- 3 EL Butterschmalz
- 400 ml Kalbsfond (aus dem Glas)
- 2 Zweige frischer Rosmarin
- 1 Prise Cayennepfeffer

Zubereitungszeit: 50 Min.
Pro Portion etwa:
1100 kJ / 260 kcal
30 g EW / 12 g F / 6 g KH

Für die schlanke Linie

Gebratener Zander mit Rosmarinsauce

Die Haut der Fischfilets rautenförmig einschneiden und salzen. Steinpilzpulver mit Mehl mischen, die Fischfilets darin wenden. Zwiebeln würfeln, in 1 EL Butterschmalz in einem kleinen Topf bei mittlerer Hitze andünsten, den Fond und die Rosmarinzweige dazugeben und 20 Min. köcheln lassen.

In einer Pfanne 2 EL Butterschmalz mittelstark erhitzen. Filets darin von beiden Seiten jeweils 4–6 Min. braten. Die Sauce passieren, mit Cayennepfeffer würzen und heiß zu den gebratenen Filets servieren. Dazu schmecken knusprige Bratkartoffeln.

Forelle in Weißwein auf Lauch

Die Forellen unter fließendem kaltem Wasser waschen und trockentupfen. Mit Zitronensaft beträufeln, innen und außen salzen und pfeffern. Die Petersilie waschen und in die Forellen füllen.

Den Lauch putzen, längs einschneiden, gründlich waschen und schräg in 1/2 cm dicke Streifen schneiden. In kochendem Salzwasser 1 Min. blanchieren, kalt abschrecken und gut abtropfen lassen.

Den Backofen auf 220° vorheizen Eine Auflaufform einfetten, Lauch hineingeben, salzen und pfeffern. Weißwein und Sahne darüber gießen. Die Forellen nebeneinander auf das Gemüse legen und die Form mit Alufolie abdecken. Das Ganze im Backofen (Mitte, Umluft 200°) 25–30 Min. garen. Dazu schmeckt Kartoffelpüree.

Zutaten für 4 Personen:

- 4 küchenfertige Forellen
- Zitronensaft zum Beträufeln
- Salz · weißer Pfeffer
- 2 Bund Petersilie
- 800 g Lauch
- 300 ml trockener Weißwein
- 125 g Sahne
- Und: Fett für die Form

Zubereitungszeit: 45 Min.
Pro Portion etwa:
1500 kJ / 360 kcal
34 g EW / 16 g F / 11 g KH

Gelingt leicht

Forelle blau mit Meerrettichsahne

Zutaten für 4 Personen:

4 fangfrische Forellen
Salz
1/4 l Weißweinessig
Für den Sud:
1 Bund Suppengrün
1 Zwiebel
1 unbehandelte Zitrone
1 geh. TL Salz pro l Wasser
5 Wacholderbeeren
einige Salbeiblätter
1/8 l trockener Weißwein
5 weiße Pfefferkörner
Für die Meerrettichsahne:
200 g Sahne
1 säuerlicher Apfel (Boskop)
etwa 2 cm frische Meerrettichwurzel
etwas Zitronen- und Orangensaft
Salz
schwarzer Pfeffer
1 Prise Zucker
Außerdem:
1 Kästchen Kresse
1 Zitrone

Zubereitungszeit: 1 1/2 Std.
Pro Portion etwa:
2300 kJ / 550 kcal
66 g EW / 25 g F / 12 g KH

Preiswert

Dazu schmeckt trockener Frankenwein, z. B. Silvaner

Die Forellen ausnehmen, dazu jeweils den Bauch vom Kopf bis zum Darmaustritt aufschneiden. Dabei in Kopfnähe aufpassen, daß die Galle nicht verletzt wird. Die Eingeweide entfernen (siehe S. 30).

Die Fische vorsichtig nur innen waschen, um die äußere Schleimhaut nicht zu verletzen, da sie die Blaufärbung der Haut gewährleistet. Die Forellen auch nur innen salzen!

Die Forellen jeweils rund binden: Dazu mit Küchennadel und -faden durch Unterkiefer und Schwanzende stechen, den Faden durchziehen und verknoten.

Die Forellen auf eine Porzellanplatte legen. Den Weinessig erhitzen und die Fische damit begießen, anschließend für etwa 30 Min. in den Kühlschrank stellen.

Inzwischen das Suppengrün waschen, putzen und grob zerkleinern. Zwiebel schälen, Zitrone heiß abspülen und abtrocknen. Beides in Scheiben schneiden. In einem großen, weiten Topf reichlich Wasser mit den vorbereiteten Zutaten, Salz, Wacholderbeeren, Salbei und Weißwein aufkochen und alles zusammen etwa 20 Min. köcheln lassen. Anschließend die angedrückten Pfefferkörner in den Sud geben.

Die Forellen portionsweise in den siedenden, auf keinen Fall kochenden, Sud gleiten lassen und bei schwacher Hitze im offenen Topf, je nach Größe der Fische, in 15–20 Min. gar ziehen lassen. Die Forellen sind gar, wenn sich die Flossen leicht herausziehen lassen.

Für die Meerrettichsahne die Sahne steif schlagen. Apfel und Meerrettich schälen, fein reiben und mit Zitronen- und Orangensaft vermengen. Unter die Sahne ziehen und mit Salz, Pfeffer und Zucker abschmecken. Die Zitrone heiß abwaschen, abtrocknen und in Scheiben schneiden, die Kresseblättchen abschneiden.

Die Forellen vorsichtig aus dem Sud heben, auf eine Platte legen und das Küchengarn entfernen. Die Fische mit etwas Kochsud begießen. Mit Zitronenscheiben und Kresse garnieren. Die Meerrettichsahne getrennt dazu reichen.

Am besten passen dazu Salzkartoffeln.

Tips: Frische Karpfen, Barben, Zander, Renken, Schleien oder Aale eigen sich ebenso gut zum Blaukochen. Je frischer die Fische sind, umso intensiver wird ihre Farbe. Wichtig dabei ist auch, daß die Haut der Fische nicht verletzt wird. Am besten deshalb die Fische so wenig wie möglich anfassen.

Ursprünglich wurden Forellen rundgebunden, damit sie in einen runden Topf passen. Die gehobene Küche hat diese Sitte als optischen Anreiz beibehalten.

Zusätzlich Gemüsestreifen aus Lauch, Möhre, Knollensellerie und gehacktes Selleriegrün in den Fischsud geben.

Zum kalorienarmen Fisch ruhig auch mal gehaltvolle Saucen und Buttermischungen, z. B. Sauce hollandaise, Kräutersauce, Sardellen- oder Kräuterbutter servieren.

Für eine Käse-Basilikum-Butter etwa 50 g Butter, 50 g Frischkäse, 2 EL feingehackte Basilikumblätter, 1 gepreßte Knoblauchzehe und 2 EL gehackte Pinien- oder Sonnenblumenkerne verrühren.

Mit Küchennadel und Küchengarn werden die Forellen rundgebunden.

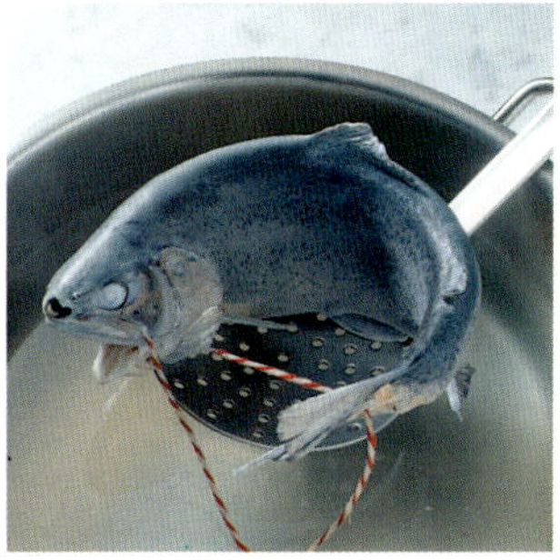

Die Forellen vorsichtig aus dem Sud heben, auf eine Platte legen und das Küchengarn entfernen.

Fangfrische Forellen erkennt man daran, daß ihre Haut beim Garen aufplatzt.

Zutaten für 4 Personen:

4 küchenfertige Forellen (je 350 g)
Salz · Pfeffer
2 EL Walnußöl
2 Knoblauchzehen
4 Lorbeerblätter
8 große Mangoldblätter
60 g Butter
50 g fein gehackte Walnüsse
Und: Zahnstocher

Zubereitungszeit: 30 Min.
Pro Portion etwa:
2200 kJ / 520 kcal
61 g EW / 30 g F / 2 g KH

Für Gäste

Forelle in Mangold

Forellen salzen, pfeffern und mit Walnußöl beträufeln. Knoblauch in Scheibchen schneiden, mit den Lorbeerblättern in die Fische legen.

Mangold waschen, trockentupfen. Dicke Rippen flach schneiden. Je 2 Blätter längs ineinanderlegen und je 1 Forelle darin einwickeln, mit Zahnstochern feststecken.

40 g Butter in zwei beschichteten Pfannen mittelstark erhitzen. Fische darin pro Seite 4–5 Min. braten, salzen, pfeffern. Restliche Butter erhitzen, die Nüsse darin schwenken und über die Forellen streuen. Dazu schmeckt Baguette oder Kartoffelpüree.

Hecht aus dem Bratschlauch

Den Hecht waschen, mit Zitronensaft beträufeln, salzen, pfeffern. Kräuterzweige in den Bauch legen. Den Backofen auf 200° vorheizen.

Champignons vierteln, Suppengrün grob, Zwiebel fein hacken. Alles in der Butter andünsten. Salzen, pfeffern, mit Weißwein aufgießen. Den Bratschlauch an einer Seite zubinden. Gemüse mit Sauce in den Bratschlauch geben, Hecht darauf setzen, den Bratschlauch zubinden. Den Schlauch oben mit der Gabel einmal einstechen.

Den Fisch auf dem kalten Rost im Ofen (Mitte, Umluft 180°) 30 Min. garen. Nach 15 Min. die Hitze auf 180° verringern. Die Folie oben aufschneiden, den Fisch auf eine vorgewärmte Platte legen, warm stellen. Das Gemüse samt Sauce in einen Topf füllen. Mit der Sahne etwas einkochen lassen und um den Fisch herum verteilen. Salzkartoffeln schmecken gut dazu.

Zutaten für 4 Personen:

1 küchenfertiger Hecht (1,5–2 kg)
4–5 EL Zitronensaft
Salz · weißer Pfeffer
etwas Dill und Petersilie
200 g Champignons
2 Bund Suppengrün
1 Zwiebel · 50 g Butter
1/4 l Weißwein · 200 g Sahne
Bratschlauch

Zubereitungszeit: 1 Std.
Pro Portion etwa:
2700 kJ / 640 kcal
72 g EW / 30 g F / 9 g KH

Gelingt leicht

Zutaten für 4 Personen:

- 1 Flußbarsch von etwa 1200 g
- 3–4 EL Zitronensaft
- Salz
- Pfeffer
- 1 kg Fleischtomaten
- 2 Bund Basilikum
- 3 Knoblauchzehen
- 2 EL Semmelbrösel
- 4 EL Olivenöl

Zubereitungszeit: 1 Std.
Pro Portion etwa:
1500 kJ / 360 kcal
54 g EW / 11 g F / 13 g KH

Für die schlanke Linie

Gefüllter Flußbarsch auf Tomaten

Den Fisch kalt abspülen und trockentupfen. Innen und außen mit etwas Zitronensaft beträufeln, salzen, pfeffern und kalt stellen. Den Backofen auf 175° vorheizen.

Stielansätze der Tomaten entfernen, Tomaten kurz überbrühen, häuten, quer halbieren und entkernen. Das Fruchtfleisch in Würfel schneiden und in eine Schüssel füllen. Das Basilikum waschen, die Blättchen abzupfen, in feine Streifen schneiden und zu den Tomaten geben.

Die Knoblauchzehen schälen, dazupressen und untermischen. Von der Mischung 3 EL abnehmen und mit den Semmelbröseln und 1 EL Olivenöl vermengen. Mit Salz und Pfeffer würzen und 1 TL Zitronensaft dazugeben. Alles gut verrühren, 5 Min. quellen lassen und in den Fischbauch füllen.

Einen Bräter mit 1 EL Olivenöl ausstreichen, die Tomatenmischung gleichmäßig darin verteilen, den Flußbarsch darauf legen und mit dem restlichen Olivenöl beträufeln.

Den Fisch zugedeckt in den vorgeheizten Backofen (Mitte, Umluft 160°) stellen und 40 Min. garen, nach der Hälfte der Garzeit den Deckel entfernen.

Den Flußbarsch vorsichtig aus dem Bräter nehmen, häuten und die Filets von den Gräten lösen (siehe Seite 31). Die Fischfilets mit der Tomatenmischung und der Füllung dekorativ auf vorgewärmten Tellern anrichten.

Dazu schmecken Pellkartoffeln.

Dazu paßt ein leichter Weißwein, z. B. Pinot Grigio

Zutaten für 4 Personen:

600 g frischer Aal (gehäutet und filetiert)
Salz · schwarzer Pfeffer
etwa 20 frische Salbeiblätter
1 EL scharfer Senf
4 EL Zitronensaft · 2 EL Öl
8 kleine Holz- oder Metallspieße

Zubereitungszeit: 30 Min.
Pro Portion etwa:
2000 kJ / 480 kcal
23 g EW / 41 g F / 0 g KH

Gelingt leicht

Gegrillte Aal-Salbeispieße

Den Aal in 3 cm lange Stücke schneiden, salzen und pfeffern. Die Salbeiblätter waschen und trockentupfen.

Den Grill im Backofen anheizen. Aalstücke und Salbeiblätter abwechselnd auf die 8 Spieße stecken. Senf, Zitronensaft und Öl verrühren. Die Fischspieße damit bepinseln. Unter dem Grill (mit Saftpfanne darunter) bei mittlerer Hitze unter Wenden 10 Min. grillen.

Zu den gegrillten Aal-Salbeispießen geröstetes Knoblauchbrot, Blattsalate und Ratatouille servieren.

Aal in Rotwein

Die roten Beten in einem Sieb abtropfen lassen und in dünne Streifen, den Aal in mundgerechte Stücke schneiden. Das Butterschmalz in einem breiten Topf mittelstark erhitzen, die Aalstücke darin 2 Min. rundherum anbraten.

Die roten Beten dazugeben und 3–4 Min. mitgaren lassen. Dabei nach und nach den Rotwein angießen. Crème double hineinrühren, die Perlzwiebeln hinzufügen und die Sauce mit Salz und Pfeffer abschmecken. Den Aal sofort servieren.

Dazu passen dünne Nudeln oder Kartoffel-Sellerie-Püree.

Tip: Frischen Aal sollten Sie rechtzeitig bei Ihrem Fischhändler vorbestellen. Bitten Sie ihn am besten auch, den Aal zu häuten und zu filetieren. Um rund 600 g Fleisch zu bekommen, muß der Aal knapp 1 kg wiegen.

Zutaten für 4 Personen:

100 g mild eingelegte rote Beten
600 g frischer Aal (gehäutet und filetiert)
1 EL Butterschmalz
1/8 l kräftiger Rotwein
100 g Crème double
Salz · weißer Pfeffer
20 kleine, eingelegte Perlzwiebeln

Zubereitungszeit: 30 Min.
Pro Portion etwa:
1700 kJ / 400 kcal
29 g EW / 26 g F / 5 g KH

Schnell

Dazu schmeckt ein Gattinara aus dem Piemont, den Sie auch zum Kochen verwenden sollten.

Zutaten für 4 Personen:

4 küchenfertige Schleien (etwa je 350 g)
2 Lorbeerblätter
Meersalz
50 ml Weißweinessig
100 g Zwiebeln
100 g durchwachsener Speck
2 TL Mehl
300 ml Gemüsefond (aus dem Glas)
150 g Pfeffergurken (würzig-scharf eingelegt)
schwarzer Pfeffer
1 EL gehackte Petersilie

Zubereitungszeit: 45 Min.
Pro Portion etwa:
2600 kJ / 620 kcal
84 g EW / 28 g F / 9 g KH

Preiswert

Pochierte Schleien

Die Fische waschen. In einem mittelgroßen Topf 3 l Wasser mit den Lorbeerblättern, 1 EL Salz und dem Essig aufkochen. Die Fische in den Sud geben und bei schwacher Hitze in 15–20 Min. gar ziehen lassen.

Inzwischen Zwiebeln und Speck würfeln. Den Speck in einer Pfanne bei starker Hitze knusprig ausbraten, die Zwiebelwürfel dazugeben, 5 Min. mitbraten. Mit dem Mehl bestäuben, hellbraun werden lassen. Den Fond dazugießen und die Sauce 15 Min. bei schwacher Hitze kochen lassen. Ab und zu umrühren. Die Gurken fein hacken, in die Sauce rühren, diese mit Salz und Pfeffer würzen.

Die Schleien vorsichtig aus dem Sud heben und die Filets von der Mittelgräte lösen. Die Filets auf vorgewärmte Teller verteilen, mit der heißen Sauce übergießen und mit Petersilie bestreut servieren.

Dazu schmecken gut Salzkartoffeln.

Als Getränk paßt gut ein Welschriesling aus Österreich.

Gefüllte Renken

Die Renken waschen, trockentupfen, innen und außen salzen und pfeffern. Eine Auflaufform einfetten. Die Fische mit den Öffnungen nach oben dicht nebeneinander in die Form setzen.

Zwiebel und Möhre schälen und fein würfeln. Sellerie waschen, mit den zarten Blättchen fein hacken. Den Backofen auf 200° vorheizen.

1 EL Butter in einer Pfanne erhitzen. Das Gemüse darin anbraten, 4 EL Wasser hinzufügen und alles zugedeckt bei mittlerer Hitze 6–7 Min. dünsten. Das Gemüse mit Salz sowie Pfeffer abschmecken und die Petersilie dazugeben.

Semmelbrösel und Eigelb unter das Gemüse mischen, das Ganze in die Renken füllen. Wein und 50 ml Wasser in die Form gießen. Die Fische im Ofen (Mitte, Umluft 180°) in 25 Min. garen.

Die Basilikumblättchen abzupfen. Die restliche Butter in einem Pfännchen erhitzen, Basilikum darin schwenken. Die Renken auf vorgewärmte Teller legen und mit der Basilikumbutter begießen.

Dazu schmecken kleine Pellkartoffeln.

Zutaten für 4 Personen:

4 küchenfertige Renken (je etwa 350 g), ersatzweise Forellen
Salz
schwarzer Pfeffer
50 g Butter und Butter für die Form
1 Zwiebel
1 große Möhre
1 Stange Staudensellerie
4 EL gehackte Petersilie
2 EL Semmelbrösel
1 Eigelb
50 ml trockener Weißwein
1 Bund Basilikum

Zubereitungszeit: 1 Std.
Pro Portion etwa:
1900 kJ / 450 kcal
56 g EW / 22 g F / 7 g KH

Gelingt leicht

Zutaten für 4 Personen:

Für den Sud:
1 Zwiebel
2 Zitronenscheiben
2 Gewürznelken
1 Lorbeerblatt
1 Prise Zucker
Salz
1/8 l Essig
1/4 l trockener Weißwein
Außerdem:
600 g Wallerfilet
3 EL Zitronensaft
200 g Knollensellerie
2 Möhren
1/2 Stange Lauch
einige Stengel Petersilie
2 EL frisch geriebener Meerrettich

Zubereitungszeit: 40 Min.
Pro Portion etwa:
1700 kJ / 400 kcal
30 g EW / 21 g F / 9 g KH

Für Gäste

Waller im Weinsud

Für den Sud die Zwiebel halbieren und in dünne Streifen schneiden. Mit 1/4 l Wasser, Zitronenscheiben, Nelken, Lorbeerblatt, Zucker, etwas Salz, Essig und Wein in einem Topf aufkochen. Das Ganze etwa 10 Min. bei schwacher Hitze köcheln lassen, anschließend durch ein Sieb passieren und erneut stark erhitzen.

Aus dem Wallerfilet eventuell noch vorhandene Gräten entfernen. Die Filets in gleich große Stücke von etwa 50 g teilen und mit Zitronensaft beträufeln. Sellerie und Möhren schälen, waschen und in lange, dünne Streifen schneiden. Den Lauch putzen, längs halbieren, gründlich waschen und ebenfalls in feine Streifen schneiden.

Das Gemüse und die Wallerstücke in den Sud legen. Bei schwacher Hitze in 6–8 Min. gar ziehen lassen. Jeweils Gemüse und Fischstücke in tiefe Teller verteilen und mit etwas Sud begießen. Das Ganze mit Petersilie und Meerrettich garnieren. Dazu schmecken Salzkartoffeln oder Weißbrot.

Tips: Das Grundrezept des sauren Sudes ist für alle Süßwasser- sowie Meeresfische geeignet. Sie können darin sowohl ganze Fischstücke mit Haut wie auch zarte Filets zubereiten.

Für ein festliches Essen zusätzlich mit Gemüse oder Fischfarce gefüllte Nudeltäschchen mit in die Teller geben. Die Täschchen sollten Sie seperat in Salzwasser garen, damit der Sud nicht trüb wird.

Den Sud können Sie auch einige Stunden vorher zubereiten und kühl stellen. Gemüse und Fisch vorbereiten, erst kurz vorm Servieren im heißen Sud garziehen lassen.

Zu dem fein säuerlichen Gericht paßt kühler trockener Weißwein, z. B. aus Baden oder Franken.

Würziger Waller aus dem Ofen

Zutaten für 4 Personen:

600 g Wallerfilet
2 Kardamomkapseln
je 3 Piment- und Korianderkörner
1 TL schwarze Pfefferkörner
7 EL Olivenöl
Salz
2 EL fein gehackter Rosmarin
2 Bund Frühlingszwiebeln
400 g gelbe Spitzpaprikaschoten
400 g festkochende Kartoffeln
4 EL frisch gehackte Petersilie
6 EL trockener Weißwein

Zubereitungszeit: 1 1/2 Std.
(+ 50 Min. Backzeit)
Pro Portion etwa:
1800 kJ / 430 kcal
24 g EW / 30 g F / 4 g KH

Läßt sich gut vorbereiten

Aus dem Wallerfilet eventuell noch vorhandene Gräten entfernen. Den Fisch mit Küchenpapier trockentupfen. Kardamomkapseln aufbrechen, den Samen herausnehmen. Mit den Piment- und Pfefferkörnern in einem Mörser oder mit einem breiten Messer fein zerstoßen. Unter die Gewürzmischung 4 EL Olivenöl, 1/2 TL Salz und Rosmarin rühren. Die Filets von beiden Seiten damit einreiben. Den Fisch zugedeckt etwa 1 Std. im Kühlschrank marinieren.

Währenddessen die Frühlingszwiebeln putzen, waschen und in zentimeterbreite Ringe schneiden. Paprikaschoten waschen, halbieren, putzen und in mundgerechte Stücke schneiden. Die Kartoffeln schälen und klein würfeln. Den Backofen auf 200° vorheizen.

Das restliche Olivenöl in einer Pfanne erhitzen. Frühlingszwiebeln, Paprika, Kartoffeln und Petersilie portionsweise 3 Min. bei mittlerer Hitze anbraten, salzen und in einer großen Auflaufform verteilen.

Die Filets aus dem Würzöl heben, von einem Teil der Gewürze befreien, längs halbieren, in 3 cm breite Stücke schneiden und zwischen das Gemüse stecken. Übriges Würzöl und den Wein über das Gericht träufeln, die Form mit Alufolie abdecken. Das Ganze im Ofen (Mitte, Umluft 180°) zunächst 30 Min. garen, dann die Folie entfernen und alles in weiteren 20 Min. fertiggaren.

Dazu schmeckt Grüner Veltliner aus der Wachau.

Zutaten für 4 Personen:
20 g trocknete Morcheln
80 g Butter
400 g geräuchertes Forellenfilet
200 g Gemüsezwiebeln
1/2 Bund glatte Petersilie
3 Eier
2 Eigelbe
Cayennepfeffer
Meersalz
100–150 g frische Weißbrotkrume
300 g Sahne
1 EL Krebspaste (Fisch- und Feinkostgeschäft)
1 Puddingform von 2 l Inhalt

Zubereitungszeit: 2 Std.
Pro Portion etwa:
2900 kJ / 690 kcal
33 g EW / 52 g F / 25 g KH

Für Geübte

Fischpudding mit Morcheln

Die Morcheln für 30 Min. in 1/4 l lauwarmem Wasser einweichen. Die Puddingform gut mit Butter ausstreichen. Das Forellenfilet klein würfeln. Die Zwiebeln fein hacken und in 2 EL Butter bei milder Hitze in etwa 10 Min. goldgelb andünsten.

Die eingeweichten Morcheln in ein Sieb schütten, dabei das Einweichwasser auffangen. Die Pilze unter Wasser gründlich abspülen, harte Stiele entfernen, die Hüte in Stücke schneiden. Die Petersilie waschen und fein hacken. In einem genügend großen Topf, so daß die Puddingform gut hineinpaßt, Wasser aufkochen lassen.

Die Eier trennen. Alle Eigelbe, Morcheln, Petersilie und die Hälfte der Zwiebeln zu den Fischwürfelchen geben, mit Cayennepfeffer und Salz würzen und mit so viel fein zerbröselter Brotkrume verrühren, daß eine nicht zu feste Masse entsteht. Die Eiweiße steif schlagen und locker unter die Masse heben. Sofort in die Form füllen, verschließen, und den Pudding zugedeckt im Wasserbad 1 Std. bei schwacher Hitze garen.

Das Morchelwasser durch ein Tuch seihen und in 30 Min. auf 2 EL Flüssigkeit einkochen lassen. Die restlichen Zwiebeln, Sahne und Krebspaste dazurühren und in weiteren 15–20 Min. sämig köcheln lassen. Den fertigen Pudding stürzen, in dicke Scheiben schneiden und mit der heißen Sauce servieren.

Tip: Die genaue Menge der Brösel richtet sich nach der Art und dem Alter des Brotes.

Als Getränk paßt ein Chardonnay (Morillon) aus Österreich.

Zandersoufflé

Zutaten für 4 Personen:

250 g Zanderfilet
2 EL Zitronensaft
Salz
weißer Pfeffer
5 EL Wermut (Noilly Prat)
2 Eiweiße
200 g Sahne
40 g Butter
1 Knoblauchzehe
8 geschälte Garnelen
1 EL frisch gehackter Dill
Und: 8 Portionsförmchen von 100 ml Inhalt

Zubereitungszeit: 1 Std.
Pro Portion etwa:
1400 kJ / 330 kcal
25 g EW / 25 g F / 3 g KH

Für die schlanke Linie

Das Zanderfilet in kleine Stücke schneiden und mit Zitronensaft, Salz, Pfeffer, 3 EL Wermut und den Eiweißen vermengen. Abdecken und 15 Min. in das Gefrierfach stellen. Den Backofen auf 150° vorheizen.

Das Fischfilet im Mixer fein pürieren, dabei langsam 100 g Sahne dazugießen, abschmecken. Die Portionsförmchen ausbuttern und bis zur Hälfte mit der Zanderfarce füllen. Ins Wasserbad (z. B. Fettpfanne) stellen und im Ofen (Mitte, Umluft 140°) in 10–15 Min. garen.

Inzwischen den Knoblauch hacken, in einer Pfanne in der restlichen Butter andünsten. Garnelen salzen, pfeffern und in der Knoblauchbutter von jeder Seite höchstens 2 Min. braten. Herausnehmen und warmstellen. Den Bratensatz mit restlichem Wermut ablöschen und mit der übrigen Sahne aufgießen. Den Dill einrühren und die Sauce abschmecken.

Die Förmchen aus dem Wasserbad nehmen, Soufflés einige Minuten ruhen lassen und dann stürzen. Mit je einer Garnele garnieren und mit der Sauce servieren.

Variante:
Fischpudding

600 g Fischfilet (z. B. Zander, Hecht, Forelle) mit 1 Zwiebel und 1/2 Bund Petersilie fein hacken. Mit 2 eingeweichten Brötchen, 3 Eiern, etwa 1 EL Mehl, Salz und Pfeffer locker vermengen. In ausgebutterte Förmchen füllen und im Wasserbad bei etwa 200° im Backofen (Mitte, Umluft 180°) in 25–30 Min. garen. Dazu passen Tomatensauce und Kartoffelgratin oder -püree.

Exigez la Moutarde de Meaux
en 1760 qu'un
du Chapitre de
CONDIMENTO EST IMPERATORUM
77400 LAGNY - FRANCE
ÉPOSÉES

AUS DEM MEER

Zutaten für 4 Personen:

4 gleich große Stücke Rotbarschfilet (je etwa 150 g)
Zitronensaft zum Beträufeln
Salz · schwarzer Pfeffer
3 EL Mehl
2 Eier
6–8 EL Semmelbrösel
6 EL Butterschmalz
Zitronenschnitze zum Garnieren

Zubereitungszeit: 20 Min.
Pro Portion etwa:
2300 kJ / 550 kcal
42 g EW / 33 g F / 18 g KH

Schnell

Paniertes Rotbarschfilet

Die Fischfilets mit Zitronensaft beträufeln, salzen und pfeffern. Im Mehl wenden, das überschüssige Mehl abschütteln.

Die Eier in einem tiefen Teller verquirlen, mit Salz und Pfeffer würzen. Die Fischfilets zuerst durch die Eiermischung ziehen, dann in den Semmelbröseln wenden, die Panade andrücken.

Das Butterschmalz in einer großen Pfanne erhitzen. Die Fischfilets insgesamt 6–8 Min. goldbraun braten, dabei einmal wenden. Mit Zitronenschnitzen auf vier Tellern anrichten.

Dazu schmecken Remouladensauce und Kartoffelsalat

Dazu paßt ein kühles Pils.

Kabeljau in Erdnußkruste

Die Kabeljaufilets mit etwas Zitronensaft beträufeln, rundherum mit Salz und Pfeffer würzen.

Die Erdnüsse fein mahlen, auf einen Teller geben. Knoblauch dazupressen. Die Mischung mit Cayennepfeffer, Oregano, Thymian, Salz und Pfeffer kräftig würzen.

Die Eier in einem zweiten Teller verquirlen. Fischfilets erst durch die Eimasse ziehen, dann in der Erdnußmischung wenden und die Panade festdrücken.

Das Öl in einer großen Pfanne mittelstark erhitzen und den Fisch insgesamt 6–8 Min. goldbraun braten, dabei einmal wenden.

Dazu Zitronenscheiben und gemischten Blattsalat servieren.

Zutaten für 4 Personen:

4 Kabeljaufilets (je etwa 150 g)
1–2 EL Zitronensaft
Salz · weißer Pfeffer
100 g ungesalzene Erdnußkerne
1 Knoblauchzehe
1 Msp. Cayennepfeffer
je 1/2 TL getrockneter Oregano und Thymian
2 Eier · 4 EL Öl

Zubereitungszeit: 25 Min.
Pro Portion etwa:
1500 kJ / 360 kcal
39 g EW / 22 g F / 4 g KH

Gelingt leicht

Rotbarschfilet mit Zitronen-Dillsauce

Zutaten für 4 Personen
600 g Rotbarschfilets
2 EL Zitronensaft
Salz
weißer Pfeffer
1 kleine Zwiebel
2 Zitronen
1 EL Butter
4 EL Crème fraîche
1 Prise frisch geriebene Muskatnuß
4 EL Mehl
4 EL Butterschmalz
1 Bund Dill

Zubereitungszeit: 35 Min.
Pro Portion etwa:
2100 kJ / 500 kcal
38 g EW / 32 g F / 14 g KH

Preiswert

Die Fischfilets mit Zitronensaft beträufeln, mit Salz und Pfeffer würzen, zugedeckt kalt stellen.

Die Zwiebel sehr fein hacken. 1 Zitrone auspressen. Zwiebelwürfel bei mittlerer Hitze in der heißen Butter unter gelegentlichem Rühren weich dünsten, mit dem Zitronensaft ablöschen. Die Crème fraîche unterrühren und die Sauce mit Salz, Pfeffer und Muskat abschmecken.

Das Mehl auf einen Teller geben, die Fischfilets darin wenden, überschüssiges Mehl abschütteln. Die Fischfilets in einer großen Pfanne im heißen Butterschmalz bei mittlerer Hitze insgesamt 6–8 Min. goldbraun braten, dabei einmal wenden.

Inzwischen die restliche Zitrone so schälen, daß dabei auch die weiße Innenhaut völlig entfernt wird. Die Filets aus den Häutchen schneiden. Den Dill waschen, trockentupfen, die Blättchen abzupfen und, bis auf ein paar zum Garnieren, fein hacken. Mit den Zitronenfilets in die heiße Sauce rühren.

Die gebratenen Fischfilets mit der Zitronen-Dillsauce auf vier vorgewärmten Tellern anrichten und mit Dill garnieren.

Dazu schmeckt besonders gut ein selbst zubereitetes Kartoffelpüree.

Tip: Wenn Ihnen die Zitronen-Dillsauce ein wenig zu sauer sein sollte, rühren Sie am besten eine Messerspitze Zucker hinein.

Als Getränk paßt ein Grauburgunder aus der Pfalz.

Zutaten für 4 Personen:

- **4 küchenfertige Makrelen (je etwa 400 g)**
- **Salz**
- **schwarzer Pfeffer**
- **1 große Zwiebel**
- **2 Möhren**
- **1 Fenchelknolle mit viel Grün**
- **40 g Butter**
- **1 Prise gemahlener Piment**
- **5 EL frisch gehackte Petersilie**
- **2 EL Semmelbrösel**
- **1 kleines Ei**
- **4 EL trockener weißer Wermut**
- **Und: Butter für die Form**

Zubereitungszeit: 50 Min.
Pro Portion etwa:
3100 kJ / 740 kcal
66 g EW / 48 g F / 11 g KH

Gelingt leicht

Gefüllte Makrelen

Die Makrelen unter Wasser kurz waschen und trockentupfen. Innen und außen leicht mit Salz und Pfeffer einreiben, zugedeckt kühl stellen. Die Zwiebel und die Möhren schälen, klein würfeln. Das Fenchelgrün abschneiden und aufheben. Die Knolle waschen, putzen und ebenfalls in kleine Würfelchen schneiden.

Den Backofen auf 200° vorheizen. 20 g Butter in einer Pfanne erhitzen, das Gemüse darin bei mittlerer Hitze unter Wenden 2 Min. dünsten. Mit Salz, Pfeffer und Piment abschmecken. Petersilie, Semmelbrösel und Ei daruntermischen.

Eine ofenfeste Form einfetten. Makrelen mit der Gemüsemischung füllen und in die Form setzen. Die restliche Füllung drumherum verteilen. Den Wermut mit 4 EL Wasser verrühren und dazugießen. Die Fische im Ofen (Mitte, Umluft 180°) 25 Min. offen garen.

Anschließend die restliche Butter erhitzen, das Fenchelgrün fein hacken und darunterrühren. Die gefüllten Makrelen damit beträufeln und sofort servieren.

Dazu paßt frisches Baguette oder Kartoffelpüree.

Variante:
Makrelen türkisch

100 g Reis in 2 EL Olivenöl glasig dünsten, die doppelte Menge Wasser dazugießen, mit Salz, Pfeffer und Zimtpulver würzen. Je 2 EL Korinthen und Pinienkerne darunterrühren. Den Reis zugedeckt bei schwacher Hitze garen. Je 2 EL gehackte Petersilie und Dill hinzufügen. Die Makrelen damit füllen, in der gefetteten Form im Ofen garen.

Zutaten für 4 Personen:
800 g kleine Kartoffeln
750 g Schollenfilets
Saft von 1 Zitrone
Salz · weißer Pfeffer
2 Eier · 2 EL Milch · 2 EL Öl
80 g Butter · 3–4 EL Mehl
100 g Räucherspeck
1 EL frisch gehackte Petersilie

Zubereitungszeit: 45 Min.
Pro Portion etwa:
2800 kJ / 670 kcal
42 g EW / 41 g F / 30 g KH

Gelingt leicht

Nordische Speckscholle

Kartoffeln in 20–25 Min. in wenig Wasser garen und pellen. Den Backofen auf 75° anheizen. Schollenfilets mit Zitronensaft, Salz und Pfeffer würzen. Eier mit der Milch verrühren. In zwei Pfannen Öl und die Hälfte der Butter erhitzen. Die Fischfilets in Mehl wenden, durch die Eier ziehen, insgesamt 6–8 Min. goldgelb braten. Dabei einmal wenden. Herausnehmen und warmstellen.

Speck würfeln, im Bratsatz knusprig werden lassen, über die Schollen geben. In der restlichen Butter Kartoffeln und Petersilie schwenken.

Rotbarben mit Zitrone

Die Rotbarben mit Salz und Pfeffer würzen. Eine ofenfeste Form einfetten. Die Fische hineinlegen. Den Backofen auf 225° vorheizen.

Die Zwiebeln in Ringe schneiden, in heißem Öl glasig dünsten und mit den Lorbeerblättern zwischen den Fischen verteilen. Tomaten und Zitrone waschen und in dünne Scheiben schneiden.

Die Fische abwechselnd mit Tomaten- und Zitronenscheiben bedecken. Salz, Pfeffer, Paprikapulver und Petersilie darüber streuen. 40 g Butter in Flöckchen daraufgeben.

Die Fische mit Alufolie abdecken und im Ofen (Mitte, Umluft 200°) zunächst 10 Min. garen. Dann die Hitze auf 175° (Umluft 160°) zurückschalten und die Barben in weiteren 10–15 Min. fertig garen.

Dazu schmecken Weißbrot oder Ofenkartoffeln.

Als Getränk paßt trockener italienischer Weißwein, z. B. Soave.

Zutaten für 4 Personen:
8 mittelgroße küchenfertige Rotbarben (je 200 g)
Salz · grob geschroteter Pfeffer
40 g Butter und Butter für die Form
2 Zwiebeln · 2 EL Olivenöl
6 Lorbeerblätter
3 große Tomaten
1 unbehandelte Zitrone
1 TL Paprikapulver, edelsüß
4 EL frisch gehackte Petersilie

Zubereitungszeit: 45 Min.
Pro Portion etwa:
2700 kJ / 640 kcal
82 g EW / 32 g F / 8 g KH

Für Gäste

Zutaten für 4 Personen:

- 4 Schwertfischsteaks (je etwa 150 g)
- 2 Knoblauchzehen
- Salz
- 1 EL frische Thymianblättchen
- schwarzer Pfeffer
- 6 EL Olivenöl
- 200 g eingelegte Weinblätter
- 3 Frühlingszwiebeln
- 1 gelbe Paprikaschote
- 1/4 l Weißwein
- 1 Ei
- 3 EL Crème fraîche

Zubereitungszeit: 1 1/2 Std.
Pro Portion etwa:
1800 kJ / 430 kcal
3 g EW / 18 g F / 4 g KH

Für Gäste

Schwertfisch in Weinblättern

Jedes Fischsteak in 3 Streifen schneiden, Haut entfernen. Knoblauch mit 1/2 TL Salz im Mörser zerdrücken. Mit Thymian, Pfeffer und Olivenöl verrühren. Fisch darin 30 Min. marinieren. Inzwischen die Weinblätter 8 Min. blanchieren. Frühlingszwiebeln putzen und in dünne Ringe schneiden. Paprikaschote waschen, halbieren, putzen und in sehr kleine Würfel schneiden.

Den Backofen auf 75° vorheizen. Weinblätter trockentupfen, je 2 halb übereinander legen. 1 Fischstück darin einwickeln, mit Zahnstochern befestigen. Die übrige Marinade in der Pfanne erhitzen, die Frühlingszwiebeln darin glasig dünsten. Wein und 1/4 l Wasser zugießen, die Fischpäckchen darin 10 Min. zugedeckt bei schwacher Hitze garen, herausnehmen und warm halten.

Die Paprikawürfel in der Sauce 5 Min. köcheln. Das Ei mit Crème fraîche und 3 EL Wasser verquirlen. Die Pfanne mit der Sauce vom Herd nehmen, die Eimischung einrühren und warm werden, aber nicht mehr kochen lassen. Abschmecken und über die heißen Fischpäckchen gießen. Dazu schmeckt körnig gekochter Reis.

Schollenfilets asiatisch

Aus Sojasauce, Sherry und Pfeffer eine Marinade rühren, über die Schollenfilets gießen und 30 Min. zugedeckt ziehen lassen.

Möhre schälen, waschen und in feine Streifen raspeln. Lauch putzen, längs einschneiden, waschen und in dünne Ringe schneiden. Möhre, Lauch und Sojasprossen in kochendem Salzwasser 1/2 Min. blanchieren, abschrecken und abtropfen lassen. Ingwer schälen und hacken.

Das Gemüse auf eine Platte legen, die in einen flachen Topf paßt. Die Fischfilets darauf verteilen und mit dem Ingwer bestreuen.

Die Marinade in den Topf gießen und 3 cm hoch mit Wasser auffüllen. Eine umgestülpte Tasse hineinstellen. Die Platte daraufsetzen und den Topf schließen. Die Marinade aufkochen und den Fisch im Dampf 8–10 Min. garen. Die Schollenfilets mit dem Gemüse auf vorgewärmten Tellern dekorativ anrichten und mit etwas Sud beträufeln. Dazu paßt thailändischer Basmati-Reis.

Zutaten für 4 Personen:

- 3 EL Sojasauce
- 3 EL trockener Sherry
- schwarzer Pfeffer
- 750 g Schollenfilets
- 1 Möhre
- 1 kleine Stange Lauch
- 250 g frische Sojasprossen
- Salz
- 1 Stück frische Ingwerwurzel (etwa 2 cm lang)

Zubereitungszeit: 55 Min.
Pro Portion etwa:
740 kJ / 180 kcal
37 g EW / 2 g F / 7 g KH

Für die schlanke Linie

Steinbeißer in Folie

Zutaten für 4 Personen:

1 Süßkartoffel
2 Möhren
1 kleine Broccolistaude
1 Zucchino
1 kleine Fenchelknolle
50 g Butter
Salz
Pfeffer
4 Steinbeißerfilets (etwa 700 g)
4 TL Zitronensaft
2 TL gemahlener Koriander
4 EL frisch gehackte Petersilie

Zubereitungszeit: 1 Std.
Pro Portion etwa:
1400 kJ / 330 kcal
34 g EW / 16 g F / 15 g KH

Für die schlanke Linie

Den Backofen auf 200° vorheizen. Süßkartoffel und Möhren schälen, waschen, halbieren und in dünne Scheiben schneiden. Broccoli, Zucchino und Fenchel waschen und putzen. Vom Broccoli Röschen und zarte Blätter abtrennen. Röschen in Scheiben schneiden. Vom Fenchel das Grün aufheben. Fenchel und Zucchino auf dem Gurkenhobel fein schneiden. Broccoliblättchen und Fenchelgrün gob hacken.

Die Butter in einem Töpfchen schmelzen lassen. 4 Blätter Alufolie, etwa 35 cm lang, abtrennen. Auf jedes Blatt 1 EL Butter streichen. Das Gemüse gleichmäßig darauf verteilen und mit Salz und Pfeffer würzen.

Die Fischfilets portionsweise auf das Gemüsebett setzen, mit Zitronensaft beträufeln und mit Koriander, Salz und Pfeffer bestreuen. Zum Schluß Petersilie, Broccoliblättchen und Fenchelgrün über dem Fisch verteilen.

Die Folien locker zu Päckchen zusammenfalten. Mit den Faltstellen nach oben auf ein Blech legen. Im Ofen (Mitte, Umluft 180°) 30 Min. garen. Die Fischpäckchen öffnen und sofort mit der Folie auf vorgewärmten Tellern anrichten.

Dazu schmecken kleine Pellkartoffeln.

Tips: Die Steinbeißerfilets sollten Sie rechtzeitig bei Ihrem Fischhändler vorbestellen.

Falls Sie keine Süßkartoffel bekommen können, nehmen Sie stattdessen 2 mittelgroße festkochende Kartoffeln.

Dazu paßt ein Muscadet von der Loire.

Zutaten für 4 Personen:

- 4 Scheiben Seeteufel (je etwa 150 g)
- Meersalz
- weißer Pfeffer
- 50 g Mehl
- 1 Zweig Rosmarin
- 2 EL Butterschmalz
- 6 EL Weißwein
- 1–2 EL Weißweinessig
- 100 g Butter in Stückchen
- 3–4 EL Basilikumblättchen

Zubereitungszeit: 30 Min.
Pro Portion etwa:
1800 kJ / 430 kcal
23 g EW / 29 g F / 11 g KH

Schnell

Seeteufel auf Basilikumsauce

Den Backofen auf 75° anheizen. Die Seeteufelscheiben salzen, pfeffern. In Mehl wenden, überschüssiges Mehl abschütteln.

In einer großen Pfanne den Rosmarinzweig im heißen Butterschmalz kurz anbraten, herausnehmen. Die Fischscheiben in die Pfanne geben und insgesamt 10–12 Min. braten, dabei einmal wenden. Warm stellen. Wein und 1 EL Essig in einem Topf aufkochen, vom Herd nehmen, Butter und Basilikum zufügen, mit dem Pürierstab fein pürieren. Die Sauce mit Salz, Pfeffer und Essig abschmecken, den Fisch darauf anrichten. Dazu schmecken Pellkartoffeln.

Pfeffer-Lachs-Steak

Die Lachssteaks trockentupfen. Pfeffer und Piment auf einem Teller mischen. Die Lachssteaks beidseitig darin wenden, mit einem Brett beschweren und 30 Min. im Kühlschrank ruhen lassen. Den Backofen auf 75° vorheizen.

Die Butter in einer großen Pfanne mittelstark erhitzen. Die Steaks darin insgesamt 6–7 Min. braten, dabei einmal wenden. Leicht salzen und zugedeckt warm stellen. Den Bratensatz mit Wermut aufkochen, die Sahne unterrühren und die Sauce etwas einkochen lassen.

Den Dill waschen, trockentupfen und fein hacken. Die Zitrone ebenfalls waschen und in Scheiben schneiden. Die Sauce mit Salz und Honig abschmecken, den Dill darunterrühren. Die Steaks mit Zitronenscheiben anrichten, die Sauce getrennt dazu servieren.

Dazu schmecken kleine gebratene Kartoffeln.

Zutaten für 4 Personen:

- 4 Lachssteaks (von je 200 g)
- 4 EL geschroteter schwarzer Pfeffer
- 1 EL geschrotete Pimentkörner
- 40 g Butter · Salz
- 100 ml trockener Wermut
- 150 g Sahne · 1 Bund Dill
- 1 unbehandelte Zitrone
- 1 TL Honig

Zubereitungszeit: 30 Min.
(+ 30 Min. Ruhezeit)
Pro Portion etwa:
2600 kJ / 620 kcal
41 g EW / 48 g F / 5 g KH

Gelingt leicht

Zutaten für 4 Personen:

750 g Seeteufelmedaillons, dünn geschnitten
1 Bund frischer Koriander oder Petersilie
1 Orange
4 Zitronen und
4 EL Zitronensaft
2 Knoblauchzehen
1 TL Salz
1 Prise Zucker
1 Msp. Cayennepfeffer
500 g Zuckerschoten
Salz
3 EL Sonnenblumenöl
1 TL scharfer Senf
weißer Pfeffer
1 große Fleischtomate
2 EL Butterschmalz

Zubereitungszeit: 1 1/2 Std.
Pro Portion etwa:
1600 kJ / 380 kcal
29 g EW / 15 g F / 9 g KH

Für Gäste

Seeteufelmedaillons auf Zuckerschoten

Die Seeteufelmedaillons in eine Schale legen. Koriander waschen, trockenschütteln, die Blättchen abzupfen und fein hacken. Orange und 4 Zitronen auspressen, den Saft mischen. Knoblauch in die Mischung pressen. Koriander hinzufügen, mit Salz, Zucker und Cayennepfeffer kräftig würzen. Die Marinade über den Fisch gießen und zugedeckt im Kühlschrank 1 Std. ziehen lassen.

Inzwischen die Zuckerschoten waschen und putzen, in kochendem Salzwasser 3 Min. garen. Danach sofort eiskalt abschrecken, gut abtropfen und abkühlen lassen. Aus 4 EL Zitronensaft, Sonnenblumenöl, Senf, Salz und Pfeffer eine Salatsauce rühren. Die Zuckerschoten darin wenden.

Den Stielansatz der Fleischtomate entfernen, die Tomate kurz überbrühen, häuten, quer halbieren und entkernen. Das Fruchtfleisch ganz klein würfeln.

Den Fisch aus der Marinade nehmen, abtupfen und im heißen Butterschmalz insgesamt 2 – 3 Min. braten, dabei einmal wenden.

Die Seeteufelmedaillons sofort mit den Zuckerschoten und den Tomatenwürfeln dekorativ auf vorgewärmten Tellern anrichten. Die restliche Salatsauce mit einem Löffel darüber träufeln.

Dazu schmeckt frisch getoastetes Baguette.

Variante:
Schollenfilets auf Zucchini

Aus 3 EL Olivenöl, 2 EL Rotweinessig, 1 zerdrückten Knoblauchzehe, Salz und Pfeffer eine Marinade rühren. 400 g Zucchini in feine Scheiben hobeln, 1 Min. in sprudelnd kochendem Salzwasser blanchieren. Gut abgetropft in der Marinade wenden. 8 kleine Schollenfilets in 2 EL Butter kurz braten. Mit Salz und Pfeffer würzen. Auf den Zucchini anrichten und mit Basilikumblättchen bestreuen.

Gefüllte Seezunge mit Olivensauce

Zutaten für 4 Personen:

Für die Füllung:
1/2 Bund Petersilie
50 g Pinienkerne
60–70 g Toastbrot ohne Rinde
1 kleines Ei oder 1 Eigelb
50 g mild gesalzene grüne Oliven ohne Stein
2 EL Crème fraîche
Außerdem:
2 küchenfertige Seezungen (gehäutet, je 400–500 g)
Meersalz
Pfeffer
120 g Tomaten
100 g milde Zwiebeln
1 EL Olivenöl
200 ml Geflügelfond (aus dem Glas)
50 g mild gesalzene schwarze Oliven
2 EL Kapern
2–3 EL Speisestärke
80 g Butterschmalz
Zitronenpfeffer

Zubereitungszeit: 1 1/4 Std.
Pro Portion etwa:
2700 kJ / 640 kcal
40 g EW / 44 g F / 21 g KH

Für Geübte

Zur Seezunge paßt ein Fendant aus dem Wallis.

Für die Füllung die Petersilie waschen und trockentupfen, dicke Stiele entfernen. Die Pinienkerne in einer Pfanne ohne Fett hellbraun anrösten, etwas abkühlen lassen. Die Hälfte der Kerne mit der Petersilie, dem Toastbrot, Ei oder Eigelb, grünen Oliven und Crème fraîche im Mixer zu einer feinen Farce pürieren. Kalt stellen.

Die Seezungen mit einer Küchenschere der Länge nach durchschneiden. Von jeder Hälfte nun die Gräten auslösen. Dazu mit einem scharfen Messer ganz dicht unterhalb und oberhalb der Mittelgräten entlangfahren, die Gräten vorsichtig von den Filets lösen und herausheben. Dabei die Fische aber nicht ganz durchschneiden, sondern an Kopf- und Schwanzende etwa 2 cm geschlossen lassen, so daß eine Tasche entsteht.

Die Fischtaschen mit Salz und Pfeffer würzen. Die Farce einfüllen und die gefüllten Seezungen zugedeckt mindestens 30 Min. kalt stellen.

Die Stielansätze der Tomaten entfernen, die Tomaten kurz überbrühen, häuten, quer halbieren und entkernen. Das Fruchtfleisch würfeln und salzen. Die Zwiebeln fein hacken und mit dem Olivenöl in einer Pfanne bei mittlerer Hitze unter Rühren 10 Min. dünsten.

Den Fond zu den Zwiebeln gießen und die Sauce bei milder Hitze noch 10 Min. köcheln lassen. Die schwarzen Oliven entsteinen. Oliven, Kapern und die verbleibenden Pinienkerne fein hacken.

Die Seezungen in Speisestärke wenden. Das Butterschmalz in zwei großen Pfannen heiß werden lassen. Die Fische von beiden Seiten insgesamt 3–4 Min. scharf anbraten. Dann die Hitze reduzieren und die Seezungen noch 6–8 Min. weiterbraten, bis sie eine goldgelbe Farbe haben und die Füllung gebunden ist.

Oliven, Kapern, Tomatenstückchen und Pinienkerne in die Sauce rühren, einmal aufkochen lassen und mit Salz und Zitronenpfeffer abschmecken. Die Sauce mit den gebratenen Seezungen anrichten.

Dazu passen körnig gekochter Reis oder kleine Salzkartoffeln.

Tips: Wenn Sie die Seezunge nicht selbst entgräten wollen, bitten Sie beim Einkauf gleich Ihren Fischhändler, daß er Ihnen die Taschen zum Füllen vorbereitet.

Die Steine von schwarzen Oliven lassen sich schnell und einfach mit einem Kirschentsteiner entfernen.

Variante:
Gebratene Seezunge

Die Olivensauce schmeckt auch vorzüglich zu der klassisch gebratenen Seezunge: Dazu 2 Seezungen mit Salz und Pfeffer würzen, durch 2 EL zerlassene Butter ziehen und in 3–4 EL frisch geriebener Weißbrotkrume wenden. Das Brot gut andrücken und die Fische in 75–100 g heißer Butter von beiden Seiten insgesamt 10–12 Min. goldgelb braten. Noch einfacher in der Zubereitung ist eine Seezunge, die nur gewürzt, gemehlt und in heißer Butter gebraten wird.

Die gehäuteten Seezungen mit einer Schere der Länge nach durchschneiden.

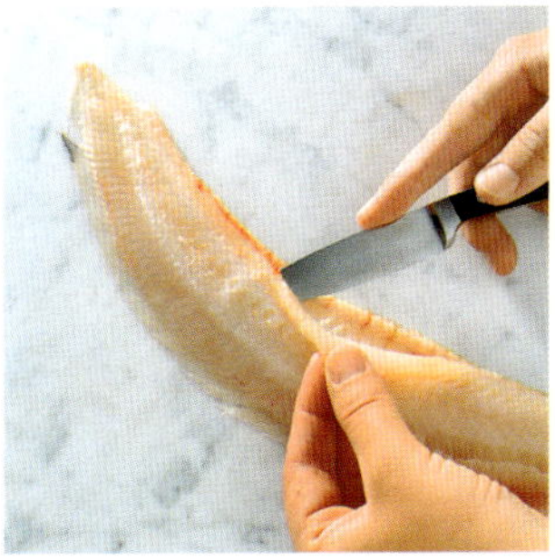

Mit einem scharfen Messer die Gräten zwischen den Fischfilets lösen und herausheben.

Die Fischtaschen würzen und die Farce mit Hilfe eines kleinen Löffels einfüllen.

Zutaten für 4 Personen:

- 100 g Zanderfilet
- 100 g Sahne (eiskalt)
- Meersalz
- 1 Eiweiß
- 100 ml weißer, trockener Portwein
- 150 g rohe Riesengarnelenschwänze
- 6–8 Seezungenfilets (insgesamt etwa 600 g, ersatzweise Schollenfilets)
- 100 ml Weißwein
- 100 ml Hummerfond (aus dem Glas)
- 100 g Butter
- Pfeffer

Zubereitungszeit: 1 Std.
Pro Portion etwa:
2900 kJ / 690 kcal
84 g EW / 35 g F / 2 g KH

Für Gäste

Seezungenröllchen in Portweinbutter

Das Zanderfilet kleinschneiden, mit der Sahne vermischen und im Tiefkühlfach 20 Min. anfrieren lassen. Dann mit 1 Prise Salz und dem Eiweiß im Mixer fein pürieren und mit 2 EL Portwein würzen.

Die Garnelenschwänze aus der Schale lösen (siehe Seite 33), den Darm entfernen, das Garnelenfleisch waschen, fein hacken und unter die Fischfarce rühren. Die Seezungenfilets mit Salz würzen und die Farce gleichmäßig aufstreichen, dann die Filets vom dicken Ende her eng aufrollen.

Den Backofen auf 75° vorheizen. In einem Topf den restlichen Portwein, Weißwein, Hummerfond und 1 EL Butter aufkochen. Die Röllchen, mit dem schmalen Fischende nach unten, in den Sud legen und zugedeckt bei schwacher Hitze in 6–8 Min. garziehen lassen. Herausheben und zugedeckt im Ofen warm stellen.

Den Sud bei starker Hitze auf die Hälfte einkochen lassen. Von der Kochstelle nehmen, die restliche Butter stückchenweise unterschlagen, mit Pfeffer abschmecken. Die Seezungenröllchen halbieren und mit der Portweinbutter auf vorgewärmten Tellen anrichten.

Dazu schmeckt Kartoffelpüree.

Variante:
Seezungenröllchen mit Gemüsefüllung

Anstelle der Garnelen fein gehackte, gegarte Gemüsewürfelchen aus Wurzelgemüse oder aus rohen Zucchini und Champignons verwenden. Raffiniert schmeckt die Farce, wenn Sie zusätzlich in Butter gebratene Steinpilzwürfel untermischen.

Dazu paßt weißer Graves oder auch ein trockener Portwein.

Zutaten für 4 Personen:

- 8 Filets vom Petersfisch zu je 80 g (von 2 Fischen je etwa 800 g, die Gräten für die Sauce mitnehmen)
- 50 g Sahne
- 1 EL Rote-Beten-Saft (Reformhaus)
- 1 TL Zitronensaft
- Meersalz
- weißer Pfeffer
- 200 ml Geflügelfond (aus dem Glas)
- 75 g Möhren
- 300 g Knollensellerie
- 120 g Zwiebeln
- 1 EL trockener Wermut
- 500 g junger Blattspinat
- 125 g Crème double

Zubereitungszeit: 1 Std.
Pro Portion etwa:
2100 kJ / 500 kcal
74 g EW / 18 g F / 7 g KH

Für Gäste

Petersfisch auf Blattspinat

Von den Filets das dünne Fleisch (insgesamt 60 – 80 g) abschneiden, zerkleinern und mit der Sahne vermischt im Tiefkühlfach 15 Min. leicht anfrieren lassen. Danach im Mixer pürieren. Rote-Beten- und Zitronensaft hinzufügen, die Farce mit Salz würzen.

Die Fischfilets mit wenig Salz und Pfeffer bestreuen. Die Farce gleichmäßig auf 4 Filets streichen, diese mit je einem gewürzten Filet bedecken und kalt stellen.

In einem Topf die Fischgräten und den Geflügelfond mit 100 ml Wasser 15 Min. bei schwacher Hitze kochen lassen. Möhren und Sellerie schälen, waschen und in kleine Stücke schneiden. Die Zwiebeln fein würfeln.

Den Fond abseihen, erneut erhitzen und das Gemüse darin in 25 Min. weich kochen. Mit Wermut, Salz und Pfeffer würzen und die Sauce im Mixer pürieren. Den Backofen auf 175° vorheizen.

Den Spinat entstielen, waschen und in kochendem Salzwasser 1 Min. blanchieren. In Eiswasser abschrecken, gut abtropfen lassen, leicht ausdrücken und grob hacken.

Die Sauce in eine ovale Auflaufform gießen. Die Fischfilets darauf legen, mit einem Deckel oder mit Alufolie bedecken und 15 – 25 Min. im Ofen (Mitte, Umluft 160°) garen, bis sie nicht mehr glasig sind.

Den Spinat mit der Crème double erhitzen und mit Salz und Pfeffer würzen. Fischfilets und Spinat auf vorgewärmten Tellern anrichten. Die Sauce kräftig aufschlagen und zu den gefüllten Filets servieren. Dazu schmecken Salzkartoffeln.

Dazu paßt sehr gut ein weißer Burgunder.

Zutaten für 4 Personen:

1 Zwiebel
600 g Fleischtomaten
100 g entsteinte grüne Oliven
100 g mexikanischer Jalapeno-Pfeffer, in Ringe geschnitten (aus dem Glas; ersatzweise 3 eingelegte Peperoni)
2 EL Olivenöl
2 EL Kapern
Salz
schwarzer Pfeffer
1 Red Snapper (von etwa 800 g, vom Händler filetieren lassen; oder 600 g Rotbarschfilet)
1–2 EL Zitronensaft
Und: Fett für die Form
Zitronenscheiben zum Garnieren

Zubereitungszeit: 45 Min.
Pro Portion etwa:
1400 kJ / 330 kcal
42 g EW / 12 g F / 6 g KH

Aus Mexiko

Red Snapper auf Veracruz' Art

Die Zwiebel fein hacken. Die Stielansätze der Fleischtomaten entfernen, Tomaten überbrühen, häuten, halbieren und entkernen. Das Fruchtfleisch grob hacken und im Mixer pürieren. Die Oliven erst in Scheiben schneiden, dann quer halbieren. Den Jalapeno-Pfeffer abtropfen lassen.

Die Zwiebel im Olivenöl weich dünsten. Das Tomatenpüree darunterrühren. Die Oliven, den Jalapeno-Pfeffer und die Kapern dazugeben. Alles gut durchrühren und die Sauce bei mittlerer Hitze im offenen Topf 5 Min. köcheln lassen, bis sie dicklich geworden ist. Mit Salz und Pfeffer kräftig abschmecken.

Den Backofen auf 175° vorheizen. Die Fischfilets auf beiden Seiten mit Zitronensaft beträufeln, salzen und pfeffern. Eine feuerfeste Form einfetten und die Fischfilets nebeneinander hineinlegen. Die Tomatensauce gleichmäßig darauf verteilen. Den Fisch im Backofen (Mitte, Umluft 160°) in 15–18 Min. garen. Die Filets auf vorgewärmten Tellern anrichten und mit halbierten Zitronenscheiben garnieren.

Dazu schmecken Reis und grüner Blattsalat.

Variante:
Red Snapper mit Orangensauce

Die Filets, wie oben beschrieben, vorbereiten und in eine gefettete Auflaufform legen. 2 Orangen schälen, in Schnitze teilen, mit 150 g Crème fraîche pürieren. Mit Salz, Pfeffer und 1 Prise Cayennepfeffer würzen. Die Sauce gleichmäßig über den Fisch verteilen und im vorgeheizten Backofen bei 175° (Mitte, Umluft 160°) 15–18 Min. garen.

Als Getränk eignen sich Bier, z. B. Corona aus Mexiko oder trockener Weißwein.

Fish & Chips

Zutaten für 4 Personen:

800 g Fischfilet (z. B. Seelachs Kabeljau, Rotbasch)
3–4 EL Zitronensaft
2 Eier
200 g Mehl
1/4 l trockener Weißwein
1 EL neutrales Öl
Salz
1 kg festkochende Kartoffeln
etwas Worcestersauce
weißer Pfeffer
1 kg ungehärtetes Kokosfett

Zubereitungszeit: 1 Std.
Pro Portion etwa:
2800 kJ / 670 kcal
44 g EW / 34 g F / 37 g KH

Preiswert

Die Fischfilets in gleich große, mundgerechte Stücke schneiden. Mit Zitronensaft beträufeln und zugedeckt kalt stellen.

Die Eier trennen. Die Eiweiße in den Kühlschrank stellen. Aus Mehl, Weißwein, Öl, Eigelben und etwas Salz einen zähflüssigen Teig rühren und zugedeckt 30 Min. quellen lassen.

Inzwischen die Kartoffeln schälen, waschen und längs halbieren. Zuerst in 1/2 cm dicke Scheiben, dann in 6 cm lange Stäbchen schneiden. Anschließend trockentupfen. Den Backofen auf 75° vorheizen.

Die Fischstücke mit Worcestersauce, Salz und Pfeffer würzen. Die Eiweiße steif schlagen und unter den Backteig heben. Vier große Pergamentpapierblätter zu Tüten formen.

Das Fritierfett in einem hohen Topf zum Sieden bringen. Die Kartoffelstäbchen portionsweise in 6–8 Min. goldgelb fritieren. Auf Küchenpapier entfetten, salzen und bis zum Servieren im Backofen warm stellen.

Die Fischstücke einzeln durch den Backteig ziehen und in 4 Min. im Fritierfett knusprig backen. Fisch und Kartoffelstäbchen in die Papiertüten verteilen.

Nach englischer Manier kann man Fish & Chips mit etwas Weinessig beträufeln und mit Mayonnaise zum Dippen servieren.

Der Tip vom Profi

Damit Fritiertes perfekt gelingt, muß vor allen Dingen das Fett heiß genug sein. Das ist es, wenn an einem hineingehaltenen Holzstiel kleine Bläschen aufsteigen. Weil durch das Eintauchen der Zutaten die Temperatur sofort sinkt, immer nur kleine Portionen fritieren und die Hitze ständig regulieren.

Zutaten für 4 Personen:

800 g Fenchel
6 EL Olivenöl
200 ml Weißwein
Salz · weißer Pfeffer
1 große küchenfertige Goldbrasse (etwa 1 1/2 kg) oder 4 kleine
Zitronensaft zum Beträufeln
100 g schwarze Oliven
Und: Fett für die Form

Zubereitungszeit: 50 Min.
Pro Portion etwa:
2700 kJ / 640 kcal
57 g EW / 36 g F / 8 g KH

Gelingt leicht

Brasse mit Fenchel

Den Fenchel putzen, waschen, die Knollen in dünne Scheiben schneiden und das Grün fein hacken. Den Fenchel portionsweise in 4 EL Olivenöl 6–8 Min. andünsten. Weißwein dazugießen, salzen, pfeffern und das Gemüse zugedeckt bei mittlerer Hitze 5 Min. köcheln lassen. Den Backofen auf 200° vorheizen.

Den Fisch mit Zitronensaft beträufeln, salzen und pfeffern. Eine Auflaufform ausfetten, den Fenchel darin verteilen. Die Brasse darauf legen, mit dem übrigen Olivenöl beträufeln. Oliven und Fenchelgrün darauf streuen, die Form mit Alufolie bedecken. Im Backofen (Mitte, Umluft 180°) in 30 Min. garen (kleine Fische nur 20 Min.).

Die Brasse häuten, die Filets von den Gräten heben und mit Fenchel und Oliven auf vier Tellern anrichten. Mit dem Weinsud beträufeln. Dazu passen Kartoffeln.

Als Getränk schmeckt Pinot Grigio.

Kabeljau in Petersilienöl

Knoblauch in dünne Scheibchen schneiden, die Petersilie waschen, trockentupfen und fein hacken. Knoblauch und Petersilie mit Salz, Pfeffer und Olivenöl vermischen.

In einer Auflaufform die Hälfte der Petersilienmischung verteilen, die Filets hineinbetten, mit der restlichen Mischung bedecken und 30 Min. zugedeckt kühlstellen. Den Backofen auf 200° vorheizen.

Die marinierten Filets im Ofen (Mitte, Umluft 180°) 10 Min. garen. Mit Alufolie abdecken, den Fisch in weiteren 10–12 Min. fertig garen. Dazu schmeckt frisches Baguette.

Zutaten für 4 Personen:

4 Knoblauchzehen
2 Bund Petersilie
Salz · schwarzer Pfeffer
6 EL Olivenöl
800 g Kabeljaufilet

Zubereitungszeit: 1 Std.
Pro Portion etwa:
1100 kJ / 260 kcal
35 g EW / 12 g F / 3 g KH

Für die schlanke Linie

Gefüllte Sardinen

Zutaten für 4 Personen:

12 mittelgroße Sardinen (etwa 1,2 kg)
Salz
schwarzer Pfeffer
1 Bund Petersilie
2 Zwiebeln
2 Knoblauchzehen
8 EL Olivenöl
100 g Semmelbrösel
1 Ei
3 EL Mehl
1/4 l trockener Weißwein

Zubereitungszeit: 1 Std.
Pro Portion etwa:
2600 kJ / 620 kcal
58 g EW / 28 g F / 29 g KH

Für Geübte

Die Sardinen mit einer kleinen Schere am Bauch aufschneiden und ausnehmen. Köpfe und Flossen der Fische, bis auf die Schwanzflossen, abschneiden und die Rückengräte vorsichtig herausziehen, die Fische dürfen dabei nicht auseinanderfallen (siehe Seite 31). Die Sardinen behutsam waschen, trockentupfen, innen und außen leicht mit Salz und Pfeffer würzen.

Für die Füllung die Petersilie waschen, trockentupfen, die Blättchen von den Stengeln zupfen und fein hacken. Zwiebeln und Knoblauch sehr fein würfeln.

4 EL Olivenöl in einer Pfanne mittelstark erhitzen, Zwiebeln und Knoblauch darin glasig werden lassen. Die Semmelbrösel darunterrühren und kurz mitdünsten. Alles in eine Schüssel geben. Petersilie mit Ei, etwas Salz und Pfeffer unter die Zwiebelmischung rühren. Die Füllung so lange kneten, bis sie zusammenhält.

Die Füllung in die Bauchhöhlen der Sardinen drücken und die Fische mit Zahnstochern zusammenstecken. Sardinen in Mehl wenden, überschüssiges Mehl sanft abklopfen.

Das restliche Öl in einer großen Pfanne erhitzen, die Sardinen darin bei mittlerer Hitze in 2 Min. rundum goldbraun braten. Den Wein zu den Fischen gießen und bei mittlerer bis starker Hitze 3–4 Min. einkochen lassen.

Dazu passen frisches Weißbrot oder Baguette und ein gemischter Blattsalat.

Dazu schmeckt ein spanischer Rotwein, z. B. Rioja.

Zutaten für 4 Personen:

Salz · schwarzer Pfeffer
2 TL gemahlener Kreuzkümmel
1,2 kg küchenfertige grüne Heringe
3 Knoblauchzehen
2 unbehandelte Zitronen
4 EL frisch gehackte Petersilie
2 EL frisch gehackte Minze
1 TL Kreuzkümmelsamen
4 EL Olivenöl
4 Tomaten
8 gelbe Spitzpaprikaschoten

Zubereitungszeit: 30 Min. (+ 1 Std. Marinierzeit)
Pro Portion etwa:
2500 kJ / 600 kcal
42 g EW / 42 g F / 13 g KH

Preiswert

Gegrillte grüne Heringe

Salz, Pfeffer, Kreuzkümmel mischen, Fische innen und außen damit einreiben. Knoblauchzehen würfeln. 1 Zitrone waschen, vierteln und in Scheiben schneiden. Die restliche Zitrone auspressen.

Petersilie, Minze, Knoblauch, Kreuzkümmelsamen und Zitronenscheibchen in und auf den Heringen verteilen. 3 EL Zitronensaft mit Olivenöl verrühren, darüber träufeln. Die Fische 1 Std. marinieren.

Tomaten und Paprikaschoten waschen. Heringe abtropfen lassen, auf dem Holzkohlen- oder Elektrogrill 7–8 Min. pro Seite grillen. Tomaten und Paprika im Ganzen am Grillrand garen, salzen und dazu servieren.

Dazu schmeckt türkisches Fladenbrot.

Gegrillter Thunfisch

Das Öl, den Marsala und den Saft von 1 Limette kräftig miteinander verrühren. Den Thunfisch mit dieser Marinade rundherum beträufeln und zugedeckt 30 Min. kühl stellen.

Den Backofengrill auf 200° vorheizen. Oregano waschen, trockentupfen. Die Blättchen von den Stengeln zupfen und fein hacken. Mit dem restlichen Limettensaft, etwas Salz und Zitronenpfeffer unter die weiche Butter rühren, kalt stellen.

Die Thunfischscheiben auf jeder Seite etwa 4 Min. grillen, dabei die Saftpfanne des Ofens darunterstellen. Den fertigen Fisch sofort mit der Kräuterbutter servieren.

Dazu schmeckt italienisches Weißbrot.

Zutaten für 4 Personen:

5 EL Öl
2 EL Marsala
Saft von 2 Limetten
4 Thunfischscheiben (je etwa 200 g)
1/2 Bund frischer Oregano
Salz · grober Zitronenpfeffer
125 g zimmerwarme Butter

Zubereitungszeit: 45 Min.
Pro Portion etwa:
3400 kJ / 810 kcal
42 g EW / 65 g F / 1 g KH

Gelingt leicht

Zutaten für 6 Personen:

100 g Zwiebeln
100 g Knollensellerie
200 g Shiitake-Pilze
1 EL Butter
1 kg Fischgräten, Fischfleischabschnitte (z. B. von Seezunge, Heilbutt, Zander)
100 ml trockener Weißwein
1 Zweig Liebstöckel
1 Bund Petersilie
1 TL schwarze Pfefferkörner
200 g Staudensellerie
200 g Fenchel
200 g Möhren
400 g Lachsfilet
400 g Heilbuttfilet
400 g Seeteufelfilet
12 rohe ausgelöste Garnelenschwänze
1 Limette
Salz
weißer Pfeffer

Zubereitungszeit: 1 1/2 Std.
Pro Portion etwa:
1500 kJ / 360 kcal
43 g EW / 14 g F / 6 g KH

Für Gäste

Fischfondue

Zwiebeln und Knollensellerie schälen und würfeln. Pilze putzen und die Stiele entfernen, In einem Topf Zwiebeln, Knollensellerie und Pilzstiele in der Butter 5 Min. andünsten.

Die Fischabschnitte und Gräten dazugeben. Den Wein und 1 1/4 l Wasser angießen. Die Kräuter und die Pfefferkörner hinzufügen und alles zugedeckt bei schwacher Hitze 30 Min. köcheln lassen.

Inzwischen Staudensellerie waschen und in feine Scheiben schneiden. Fenchel vierteln, waschen und in dünne Scheiben hobeln. Möhren waschen, schälen und in dünne Stifte schneiden. Die Pilzkappen in Streifen schneiden.

Die Fischfilets in 3–4 cm große Stücke schneiden. Die Garnelen am Rücken einschneiden, den Darm entfernen, die Garnelen waschen (siehe Seite 25). Fisch und Garnelen mit etwas Limettensaft beträufeln. Das Gemüse auf einer Platte, den Fisch mit den Garnelen auf einer weiteren Platte anrichten und mit etwas Salz bestreuen.

Fischfond durch ein Küchentuch seihen, wieder aufkochen lassen und mit Salz, Pfeffer und 1 Msp. abgeriebener Limettenschale würzen. Einen Fonduetopf gut zur Häfte mit kochendheißem Fond füllen. Jeder Gast kann am Tisch nun nach Belieben Fisch, Garnelen und Gemüse in ein kleines Sieb (mit langem Stiel) füllen, in die Brühe tauchen und kurz garen. Bei Bedarf etwas Fond nachfüllen.

Dazu passen Baguette und als Saucen Aioli (aus dem Glas) und Senfsabayon (Seite 138).

Dazu schmeckt am besten ein Weißwein von der Loire, z. B. Muscadet oder Sancerre.

VERGINE
DI OLIVA

Pizza mit Fisch und Meeresfrüchten

Zutaten für 4–6 Personen:

Für den Teig:
300 g Mehl
1/2 Würfel frische Hefe (20 g)
1/2 TL Salz
1 EL Öl
und Öl für das Blech
Für den Belag:
100 g vorgegarte, ausgelöste Herzmuscheln
1 Schwertfischsteak (150 g)
100 g rohe Garnelen
100 g küchenfertiger Kalmar
1 große Dose geschälte Tomaten (800 g Inhalt)
Salz
Pfeffer
1 Prise Cayennepfeffer
1/2 TL getrockneter Oregano
2 kleine rote Zwiebeln
2 Knoblauchzehen
2 EL frisch gehackte Petersilie
6 EL Olivenöl

Zubereitungszeit: 45 Min.
(+ 1 Std. Ruhe- und Backzeit)
Bei 6 Personen pro Portion etwa:
1900 kJ / 450 kcal
15 g EW / 9 g F / 66 g KH

Für Gäste

Dazu schmeckt ein leichter Rotwein aus Italien, z. B. Chianti.

Für den Hefeteig das Mehl in eine Schüssel sieben und in die Mitte eine Vertiefung drücken. Die zerbröckelte Hefe und 50 ml lauwarmes Wasser hineingeben, ein wenig verrühren und den Hefeansatz mit etwas Mehl bestäuben. Zugedeckt an einem warmen Platz 15 Min. gehen lassen.

Salz, Öl und 100–130 ml lauwarmes Wasser in die Schüssel zum Hefeansatz geben und alles mit den Knethaken des Handrührgerätes zu einem glatten und geschmeidigen Teig verarbeiten. Zugedeckt an einem warmen Ort nochmals 30 Min. gehen lassen, bis sich sein Volumen deutlich vergrößert hat.

Inzwischen die vorgegarten Muscheln waschen und gut abtropfen lassen. Das Schwertfischsteak zuerst vierteln, dann in dünne Streifen schneiden. Die Garnelen aus den Schalen lösen, jeweils am Rücken mit einem scharfen Messer einschneiden und den Darm entfernen, Garnelen und Kalmar waschen.

Schwertfisch, Kalmar und Garnelen in wenig Salzwasser bei mittlerer Hitze 1 Min. vorgaren, herausnehmen und gut abtropfen lassen. Kalmar in feine Ringe schneiden.

Den Backofen auf 225° vorheizen, das Backblech dünn einölen. Den Hefeteig erneut gut durchkneten und direkt auf dem Backblech ausrollen. Zugedeckt 10 Min. gehen lassen.

Währenddessen die Tomaten abtropfen lassen und würfeln. Mit Salz, Pfeffer, Cayennepfeffer und Oregano kräftig würzen. Die Zwiebeln in dünne Ringe schneiden, den Knoblauch fein hacken.

Die Tomaten gleichmäßig auf den Hefeteig streichen, dabei einen fingerbreiten Rand lassen. Den Fisch und die Meeresfrüchte darauf legen. Zwiebelringe, Knoblauch und Petersilie darüber verteilen. Den Belag mit Salz und Pfeffer bestreuen und mit Olivenöl beträufeln.

Die Pizza im Ofen (Mitte, Umluft 200°) 20–25 Min. backen, bis der Teigrand goldgelb gebräunt ist. In Rechtecke oder Quadrate schneiden und sofort servieren.

Varianten:

Pizza mit Thunfisch und Zucchini

Den Hefeteig und die gewürzten Tomaten, wie oben beschrieben, zubereiten. 400 g Zucchini putzen, in dünne Scheiben schneiden und dachziegelartig auf den mit Tomaten bestrichenen Teig legen, salzen und pfeffern. Etwa 300 g Thunfisch (aus der Dose) mit zwei Gabeln zerpflücken und darauf verteilen. 1 große rote Paprikaschote in feine Streifen und 150 g Mozzarella in Scheiben darüber verteilen. Mit 1 EL gehackten Rosmarinnadeln bestreuen, mit 2 EL Olivenöl beträufeln und 20–25 Min. backen, bis der Teigrand goldbraun ist.

Pizza mit Zwiebeln und Sardinen

Den Hefeteig vorbereiten. 400 g Gemüsezwiebeln in dünne Ringe schneiden, 2–3 Knoblauchzehen hacken. Beides in 4 EL Olivenöl goldgelb anbraten. Mit 50 ml Weißwein ablöschen und mit Salz, Pfeffer und 1 TL getrocknetem Thymian würzen. Zugedeckt bei sanfter Hitze 20 Min. schmoren lassen. 500 g Sardinen ausnehmen (siehe Seite 30), salzen, pfeffern und rundherum mit Olivenöl bespinseln. Zuerst die Zwiebelmasse auf den Teig geben, darauf die Sardinen, 8 eingelegte Sardellenfilets und 16 schwarze Oliven verteilen. Die Pizza im heißen Ofen 20–25 Min. backen.

Das Schwertfischsteak zuerst vierteln, anschließend in dünne Streifen schneiden.

Den kurz vorgegarten und abgetropften Kalmar in feine Ringe schneiden.

Die gewürzten Tomaten auf den Teig streichen, mit Fisch und Meeresfrüchten belegen.

Für 4 Personen:

600 g rohe Garnelenschwänze
1 Stück Ingwer (etwa 2 cm lang)
2 Knoblauchzehen
3 EL Sojasauce
5 EL Zitronensaft
5 EL Sojaöl
1 Msp. Cayennepfeffer
1 TL gemahlener Koriander
Salz
schwarzer Pfeffer
4 EL Kokosflocken
200 g ungesalzene Erdnußkerne
1 Bund Koriandergrün

Zubereitungszeit: 45 Min.
Pro Portion etwa:
2400 kJ / 570 kcal
42 g EW / 39 g F / 15 g KH

Für Gäste

Garnelenspießchen mit Erdnußsauce

Die Garnelen aus den Schalen lösen, waschen, auf Holzspießchen stecken und auf eine Platte legen.

Ingwer schälen, fein hacken und in eine Schüssel geben. Knoblauch dazupressen. Sojasauce, 3 EL Zitronensaft und 3 EL Sojaöl hinzufügen. Mit Cayennepfeffer, Koriander, Salz und Pfeffer würzen. Die Marinade über die Spießchen gießen, zugedeckt 30 Min. ziehen lassen und dabei einmal wenden.

Inzwischen die Kokosflocken mit kochendem Wasser übergießen und 10 Min. quellen lassen. Dann mit Erdnüssen, restlichem Sojaöl und übrigem Zitronensaft im Mixer pürieren. Die Erdnußsauce mit Salz, Pfeffer und Cayennepfeffer kräftig würzen. Koriander waschen, Blättchen abzupfen, fein hacken und unterheben.

Die Spießchen auf dem vorgeheizten Grill oder in einer großen Pfanne in etwas Öl insgesamt 2–3 Min. braten, dabei einmal wenden.

Dazu schmeckt Basmatireis.

Heilbutt in Kokos-Curry-Sauce

Das Fischfilet in etwa 3 cm große Würfel schneiden, mit Salz und Limettenschale würzen. Die Knoblauchzehen und Zwiebeln fein hacken. Die Chilischote putzen, längs halbieren, entkernen, waschen und in sehr feine Streifen schneiden.

In einem Topf Zwiebeln, Knoblauch und Chilischote im Öl bei mittlerer Hitze 10 Min. dünsten. Den Ingwer schälen, würfeln und durch die Knoblauchpresse zum Gemüse drücken. Currypulver und Kokoscreme hinzufügen, alles zusammen zugedeckt 10 Min. köcheln lassen, mit Salz abschmecken.

Die Heilbuttwürfel in die heiße Sauce legen und zugedeckt bei schwacher Hitze in 8–10 Min. gar ziehen lassen. Sofort servieren.

Dazu schmeckt asiatischer Duftreis.

Tip: Zum Garen von Fischfilet ist eine Warmhalteplatte ideal. Die Temperatur ist niedrig und zartes Fischfilet kann nicht austrocknen.

Zutaten für 4 Personen:

800 g Heilbuttfilet
Meersalz
1 Msp. abgeriebene Limettenschale
2 Knoblauchzehen
200 g Zwiebeln
1 kleine milde Chilischote
2 EL Öl
30 g Ingwer (walnußgroß)
2–3 EL mildes Currypulver
350 g ungesüßte Kokoscreme (Asienladen)

Zubereitungszeit: 1 Std.
Pro Portion etwa:
2200 kJ / 520 kcal
42 g EW / 24 g F / 36 g KH

Gelingt leicht

Dazu paßt ein gut gekühltes Bier.

Zutaten für 4 Personen:

1 Zwiebel · 2 Knoblauchzehen
je 1 mittelgroße rote, grüne, gelbe Paprikaschote
100 g Zuckerschoten
3 EL Erdnußöl
300 g kleine rohe geschälte Garnelen
2 EL chinesische Chilisauce
3 EL dunkle Sojasauce
Salz · schwarzer Pfeffer
1 Prise Zucker

Zubereitungszeit: 30 Min.
Pro Portion etwa:
750 kJ / 180 kcal
16 g EW / 8 g F / 7 g KH

Für die schlanke Linie

Garnelenragout aus dem Wok

Zwiebel und Knoblauch fein hacken. Paprikaschoten waschen, putzen und in kleine Rauten schneiden. Zuckerschoten waschen, von den Enden befreien. Das Erdnußöl im Wok erhitzen. Zwiebel- und Knoblauchwürfel einstreuen und andünsten. Paprikawürfel und Zuckerschoten hinzufügen. Alles 4 Min. pfannenrühren.

Das Gemüse mit dem Spatel nach oben schieben, die Garnelen am Wokboden etwa 1 Min. braten. Mit den Saucen und Gewürzen abschmecken. Dazu trockenen Reis servieren.

Garnelen mit Rucolabutter

Den Knoblauch schälen, vierteln und durch die Presse in eine kleine Schüssel drücken. Den Rucola waschen und trockentupfen. Grobe Stiele entfernen, die Blätter fein hacken und mit der weichen Butter zum Knoblauch geben. Alles gut vermischen. Mit Salz, Pfeffer und Cayennepfeffer kräftig würzen und bis zum Servieren kalt stellen.

Die Garnelen aus den Schalen lösen (siehe Seite 33), waschen und trockentupfen. Unter dem dem vorgeheizten Grill oder in einer großen beschichteten Pfanne im Öl rundum je nach Größe 2–5 Min. garen, bis sie rosa geworden sind. Sofort mit der Rucolabutter servieren.

Dazu schmecken Blattsalat, Baguette oder Reis.

Tip: Anstelle von Rucola können Sie auch Bärlauch, Sauerampfer oder gemischte Kräuter unter die Butter mischen.

Zutaten für 4 Personen:

2 Knoblauchzehen
1 Bund Rucola
150 g weiche Butter
Salz
weißer Pfeffer
1 Prise Cayennepfeffer
12 Garnelen, frisch oder tiefgekühlt und aufgetaut
1 EL Öl

Zubereitungszeit: 25 Min.
Pro Portion etwa:
1400 kJ / 330 kcal
9 g EW / 34 g F / 1 g KH

Schnell

Zutaten für 4 Personen:

250 g Möhren
300 g Broccoliröschen
250 g Champignons
500 g küchenfertige Tintenfische
3 EL Sojasauce
2 EL Zitronensaft
3 EL Crème fraîche
Salz
schwarzer Pfeffer
4 EL Öl
3 EL Sesamsamen

Zubereitungszeit: 35 Min.
Pro Portion etwa:
1200 kJ / 290 kcal
26 g EW / 17 g F / 7 g KH

Für die schlanke Linie

Tintenfisch aus dem Wok

Möhren schälen, waschen und in feine Scheiben schneiden. Broccoli waschen. Champignons putzen, blättrig schneiden. Tintenfische waschen und quer in dünne Ringe schneiden.

Sojasauce, Zitronensaft, Crème fraîche, Salz und Pfeffer verrühren.

2 EL Öl im Wok stark erhitzen. Tintenfische 3 Min. anbraten, Sesamsamen dazugeben. Salzen, pfeffern, herausnehmen.

Möhren und Broccoli im übrigen Öl etwa 3 Min. pfannenrühren. Champignons hinzufügen, 5 Min. mitgaren. Mit der Sauce ablöschen, Tintenfische unterrühren und alles zugedeckt 3 Min. fertig garen.

Muscheln in Tomatensauce

Die Muscheln unter fließendem Wasser sehr gründlich abbüsten. Eventuell vorhandene Muschelbärte entfernen. Die Muscheln abtropfen lassen, offene Exemplare aussortieren und wegwerfen; sie sind ungenießbar.

Zwiebeln und Knoblauch in dünne Scheiben schneiden. Den Lauch putzen, längs einschneiden, Lauch und Sellerie waschen. Gemüse kleinschneiden. Die Kräuter waschen, trockentupfen und fein hacken.

Das Olivenöl in einem Topf erhitzen. Gemüse und Lorbeerblätter darin bei mittlerer Hitze kurz anbraten. Chilischote, Kräuter und Tomaten samt Saft unterrühren. Alles zusammen ohne Deckel bei mittlerer Hitze 10 Min. kochen lassen. Die Sauce mit Salz und Pfeffer abschmecken und heiß halten.

Den Wein in einem großen Topf aufkochen. Die Muscheln darin zugedeckt bei starker Hitze 6–7 Min. kochen lassen. Falls der Topf zu klein für die Menge sein sollte, die Muscheln portionsweise garen.

Jetzt noch geschlossene Muscheln wegwerfen. Die offenen unter die heiße Sauce heben und sofort servieren.

Dazu schmecken Toskana-Weißbrot oder knuspriges Baguette.

Zutaten für 4 Personen:

2 1/2 kg Miesmuscheln
2 Zwiebeln
4 Knoblauchzehen
1 Stange Lauch
2 Stangen Staudensellerie
je 1 Zweig Rosmarin und Thymian
6 EL Olivenöl
2 Lorbeerblätter
1 Chilischote
1 große Dose Tomaten (800 g Inhalt)
Salz
Pfeffer
1/2 l trockener Weißwein

Zubereitungszeit: 50 Min.
Pro Portion etwa:
1900 kJ / 450 kcal
39 g EW / 17 g F / 15 g KH

Preiswert

Gefüllte Tintenfischchen

Zutaten für 4 Personen:

4 Eier
500 g mittelgroße, küchenfertige Kalmare
500 g Tomaten
150 g rote Paprikaschoten
120 g Zucchini
120 g Zwiebeln
2 Knoblauchzehen
80 ml Olivenöl
schwarzer Pfeffer
Meersalz
1 Zweig Thymian
10 Basilikumblätter

Zubereitungszeit: 1 1/2 Std.
Pro Portion etwa:
1600 kJ / 380 kcal
24 g EW / 27 g F / 9 g KH

Läßt sich gut vorbereiten

3 Eier in 10 Min. hart kochen, kalt abschrecken, abgekühlt pellen und fein hacken. Die Kalmare waschen und häuten. Kopf und Fangarme vom Körper abschneiden und hacken.

Stielansätze der Tomaten entfernen, Tomaten überbrühen, häuten, entkernen und fein würfeln. Paprikaschoten und Zucchini waschen und putzen, beides fein hacken. Zwiebeln und Knoblauch ebenfalls fein hacken und in einer großen Pfanne bei mittlerer Hitze in 2 EL Öl 7–9 Min. dünsten.

Die Zucchini-, Paprika- und Tintenfischwürfel dazugeben, 4 Min. schmoren lassen, die Hälfte der Tomatenwürfel hinzufügen und die Pfanne von der Kochstelle nehmen. Die gehackten Eier und das rohe Ei in die Füllung rühren, mit Salz und Pfeffer würzen.

Den Backofen auf 175° vorheizen. Die Füllung in die Tintenfischkörper verteilen. Tintenfische mit Zahnstochern zustecken und in eine Auflaufform legen. Die restlichen Tomaten, den Thymian und übriges Olivenöl darüber verteilen und mit Salz würzen. Die Form mit Alufolie abdecken und das Gericht im Backofen (Mitte, Umluft 160°) 15–20 Min. garen. Vor dem Servieren mit streifig geschnittenen Basilikumblättern bestreuen.

Gut dazu schmecken in Fleischbrühe gegarte Gerstengraupen oder Reis.

Als Getränk paßt ein Merlot aus Italien oder Frankreich.

Oktopus in Rotwein

Zutaten für 4 Personen:

- 1 Oktopus (etwa 800 g)
- Salz
- 2 weiße Zwiebeln
- 3 Knoblauchzehen
- 2 mittelgroße Möhren
- 3 Tomaten
- 4 EL Olivenöl
- 1 EL Tomatenmark
- 200 ml trockener Rotwein
- Pfeffer
- 4 EL fein gehacktes Fenchelgrün (ersatzweise Dill)

Zubereitungszeit: 1 3/4 Std.
Pro Portion etwa:
1100 kJ / 260 kcal
25 g EW / 10 g F / 9 g KH

Für Gäste

Dazu paßt trockener Rotwein aus Griechenland, z. B. Nemea oder Naoussa.

Den Oktopus waschen. Den Kopfteil knapp zwischen dem kleinen Beutel und dem ringförmigen Teil, an dem die Fangarme sitzen, abschneiden und wegwerfen. Die Kauwerkzeuge zwischen den Fangarmen herausdrücken und entfernen. Die Haut vom Beutel abziehen, den Beutel umstülpen und die Eingeweide, falls noch vorhanden, entfernen. Den Beutel ausspülen.

Eine beschichtete Pfanne ohne Öl mittelstark erhitzen. Den Oktopus mit gespreizten Fangarmen hineinlegen, leicht mit Salz bestreuen und 15 Min. im eigenen Saft schmoren lassen. Dabei einmal wenden. Den Oktopus lauwarm waschen, abtropfen lassen und in mundgerechte Stücke schneiden.

Die Zwiebeln schälen, vierteln und in Streifen schneiden, den Knoblauch klein würfeln. Die Möhren schälen, waschen, der Länge nach vierteln und in Scheibchen schneiden. Die Stielansätze der Tomaten entfernen, Tomaten kurz überbrühen, häuten und quer in Scheiben schneiden.

Das Olivenöl in einem Topf bei mittlerer Temperatur erhitzen. Zwiebeln und Knoblauch darin glasig dünsten. Möhrenscheibchen und Oktopusstücke daruntermischen und unter Rühren 1/2 Min. anbraten. Mit Tomatenmark, Rotwein, Salz und Pfeffer würzen. Das Ganze aufkochen lassen.

Die Tomatenscheiben und die Hälfte des Fenchelgrüns auf die Zutaten im Topf legen, diesen leicht rütteln. Den Oktopus zugedeckt bei schwacher Hitze 50 – 60 Min. dünsten, bis er weich ist. Dann mit Salz und Pfeffer abschmecken, mit dem restlichen Fenchelgrün bestreuen und heiß oder lauwarm servieren.

Tip: Das Gericht als Hauptgang mit gekochtem Reis, als Vorspeise für 6 – 8 Personen mit Weißbrot servieren.

Varianten:

Oktopus mit Spinat

Statt mit Möhren wird dieses Gericht mit 300 g Spinat zubereitet. Den Oktopus, wie im Rezept beschrieben, vorbereiten. Den Spinat waschen, putzen, grob hacken, tropfnaß in der trockenen Pfanne bei starker Hitze zusammenfallen lassen. Mit Tomaten und Fenchelgrün auf dem Oktopus garen.

Oktopus mit Kartoffeln

Den Oktopus, wie oben beschrieben, vorbereiten. Statt mit Rotwein mit Weißwein zubereiten. Karoffeln mit Schale kochen, anschließend pellen und in Scheiben schneiden. Karoffelscheiben auf einer großen Platte auslegen, leicht salzen und pfeffern. Den fertigen Oktopus darauf verteilen und heiß servieren.

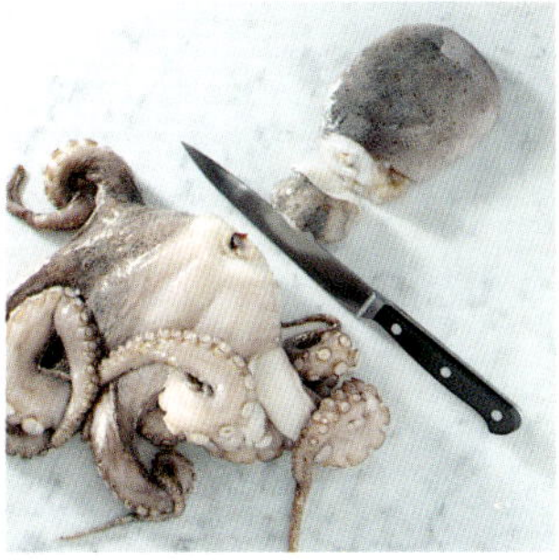

Den Kopfteil zwischen Beutel und Fangarmen abschneiden und wegwerfen.

Die Kauwerkzeuge zwischen den Fangarmen herausdrücken und entfernen.

Den Beutel umstülpen, die restlichen Eingeweide herauslösen, den Beutel ausspülen.

Zutaten für 4 Personen:

16 ausgelöste Jakobsmuscheln
Salz
4 Eigelbe
80 g flüssige Butter
3 EL trockener Wermut
1 TL Zitronensaft
2 gestrichene EL milder Senf
1 EL fein gehackte Estragon- und Sellerieblättchen
100 g Sahne
weißer Pfeffer
40 g Butterschmalz

Zubereitungszeit: 30 Min.
Pro Portion etwa:
2500 kJ / 600 kcal
34 g EW / 44 g F / 13 g KH

Schnell

Jakobsmuscheln mit Senfsabayon

Die Jakobsmuscheln trockentupfen und salzen.

Für das Senfsabayon Eigelbe, Butter, 2 EL Wermut, Zitronensaft und Senf in einem hohen Topf verrühren. Den Topf in ein Wasserbad setzen und die Zutaten bei milder Hitze mit den Schneebesen des Handrührgerätes, auf Stufe 1 bis 2, etwa 10 Min. aufschlagen, bis die Sauce dicklich und feinporig ist.

Den Topf aus dem Wasserbad nehmen. Die Kräuter in die Sauce rühren. Die Sahne steif schlagen und unterziehen. Sauce mit Salz, Pfeffer und Wermut abschmecken.

In einer Pfanne das Butterschmalz erhitzen. Die Jakobsmuscheln darin bei mittlerer Hitze je nach Dicke pro Seite 2–3 Min. braten. Die Muscheln sind gar, wenn sie auf Druck nur noch wenig nachgeben.

Das Senfsabayon bei schwacher bis mittlerer Hitze nochmals lauwarm werden lassen und mit den Jakobsmuscheln auf vorgewärmten Tellern anrichten.

Dazu passen körnig gekochter Reis oder knuspriges Baguette.

Tip: Die Jakobsmuscheln sollten möglichst gleich dick sein, damit sie eine einheitliche Garzeit haben. Bei unterschiedlicher Dicke sollten Sie die größten Exemplare halbieren. Dazu das helle Muskelfleisch (Nüßchen) vom orangeroten Rogen (Corail) vorsichtig trennen und die Nüßchen quer halbieren. Dann braten wie oben im Rezept beschrieben.

Variante:
Jakobsmuschelsuppe

100 g Wurzelgemüse in lange und dünne Streifen schneiden. In 1/2 l Fischfond (Grundrezept S. 38 oder aus dem Glas) 10 Min. köcheln lassen. 8 ausgelöste Jakobsmuscheln dazugeben und bei sehr schwacher Hitze (sonst werden sie zäh!) zugedeckt 10 Min. pochieren. Mit Kerbelblättchen garnieren und in dem Fond als feine, kleine Suppe servieren.

Zutaten für 4 Personen:

2 rohe Langustenschwänze (je etwa 400 g)
4 Frühlingszwiebeln
1 Knoblauchzehe
75 g Walnußkerne
1/2 Bund glatte Petersilie
2 Stengel Koriandergrün
1 Limette
100 g weiche Butter
Meersalz

Zubereitungszeit: 45 Min.
Pro Portion etwa:
2000 kJ / 480 kcal
33 g EW / 34 g F / 6 g KH

Für Gäste

Gegrillte Langustenschwänze

Die Langustenschwänze der Länge nach mit einem stabilen Messer halbieren und das Fleisch im Ganzen aus den Schalen lösen. Das Fleisch waschen, abtropfen lassen und zurück in die Schalen legen.

Die Frühlingszwiebeln putzen, waschen und in dünne Scheiben schneiden. In gut gesalzenem Wasser 1 Min. blanchieren, dann sofort in Eiswasser abschrecken und gut abtropfen lassen.

Die Knoblauchzehe mit den Walnußkernen mittelgrob hacken. Petersilie und Koriander waschen, trockentupfen, die Blättchen von den Stengeln zupfen und fein hacken. Von der Limette die Schale abreiben und den Saft auspressen.

Diese vorbereiteten Zutaten mit der weichen Butter gut verkneten und mit Salz würzen. Mit der Nußbutter zuerst die Schalenhälften innen bestreichen, das Langustenfleisch darauflegen und dann das Fleisch selbst damit dick bestreichen.

Den Grill im Backofen vorheizen. Die Langustenschwänze in eine ofenfeste Form oder in die Saftpfanne setzen und im Ofen (Mitte) zunächst 6–8 Min. grillen. Dann die blanchierten Zwiebeln darüber verteilen und in weiteren 2–4 Min. fertig grillen.

Gut dazu schmecken gebratene Thymiankartöffelchen oder knuspriges Stangenweißbrot.

Tip: Langustenschwänze gibt es auch vorgegart. Dann müssen sie nur noch in 3–4 Min. erwärmt werden.

Das besondere Rezept !

Jedem festlichen Anlaß kann man mit diesem exklusiven Essen den richtigen Rahmen verleihen. Und das ganz ohne großen Arbeitsaufwand.
Die einzige Voraussetzung für den Hochgenuß ist, daß die Langustenschwänze wirklich absolut frisch sind.
Zu Languste paßt vorzüglich Jahrgangs-Champagner oder halbtrockener Asti Spumante.

Rezept- und Sachregister

KÜCHENDOLMETSCHER

Deutschland	Österreich	Schweiz
Auster	Auster	Huître
Brötchen	Semmel	Weggli
Brühe	Bouillon	Bouillon
Chilischoten	Pfefferoni	Gewürzpaprika
Eigelb	Eidotter	Eigelb
Eiweiß	Eiklar	Eiweiß
Feldsalat	Vogerlsalat	Nüsslisalat
Flußbarsch	Flußbarsch	Egli
Forelle	Forelle	Truite
Grüne Bohnen	Fisolen	Grüne Bohnen
Hecht	Hecht	Brochet
Hefe	Germ	Hefe
Jakobsmuschel	Jakobsmuschel	Coquille Saint-Jaques
Kartoffeln	Erdäpfel	Kartoffeln
Knurrhahn	Knurrhahn	Grondin
Lachs	Lachs	Saumon
Lauch, Porree	Porree	Lauch
Meerrettich	Kren	Meerrettich
Miesmuschel	Miesmuschel	Moule
Möhren	Karotten	Möhren
Oktopus	Oktopus	Poulpe
Paprikaschoten	Paprika	Peperoni
Pellkartoffeln	Erdäpfel in der Schale	Gschellti
Petersfisch	Petersfisch	St. Pièrre
Pilze	Schwammerln	Pilze
Quark	Topfen	Quark
Rote Bete	Rote Rübe	Rande
Sahne, saure	Rahm	saurer Rahm
Sahne, süße	Obers	Rahm / Nidel
Saibling	Saibling	Rötel
Schellfisch	Schellfisch	Aiglefin
Scholle	Scholle	Carrelet
Seelachs	Seelachs	Baudroie
Seezunge	Seezunge	Sole
Spinat	Spinat	Binätsch
Stockfisch	Stockfisch	Morue
Suppengrün	Wurzelwerk	Suppengrün
Tomate	Paradeiser	Tomate
Walnüsse	Baummüsse	Baumnüsse
Zander	Fogosch	Zander
Zuckerschote	Erbsenschote	Kefen

Impressum

Die Autoren

Cornelia Adam
Nach ihrer Ausbildung zur Hotelfachfrau verbrachte sie mehrere Jahre im Ausland, um Sprachen und Landesküchen zu »studieren«. Danach war sie mehrere Jahre Mitarbeiterin bei einer bekannten Frauenzeitschrift, in Versuchsküche und Redaktion. Inzwischen ist sie erfolgreiche Kochbuchautorin, die sich mit ihren unkomplizierten, schnellen Rezepten einen Namen gemacht hat.

Erika Casparek-Türkkan
Aufgewachsen ist sie in einem Landgasthof, in dem die Großmutter in der Küche Regie führte. Als Journalistin widmete sie sich zunehmend ihren beiden Hobbys, dem Reisen und dem Kochen. Heute schreibt sie Reiseführer und Kochbücher, und auch in diesem Fischbuch heißt ihr Schwerpunkt: Internationale Spezialitäten!

Rose Marie Donhauser
Sie ist gelernte Hotelfachfrau und erfolgreiche Kochbuchautorin. Nach langjährigen Auslandsaufenthalten lebt sie nun wieder in Deutschland und beschäftigt sich intensiv mit den deutschen Regionalküchen. Ihre Stärke: Klassische Rezepte auf moderne Art pfiffig abzuwandeln.

Margareth Schmuck
Sie lebt seit über 20 Jahren in Frankreich, hat in Beirut und Straßburg Ernährungswissenschaften studiert, volontierte bei verschiedenen Köchen und legte ihre Prüfung als Köchin ab. Seit 1979 leitet sie in Straßburg eine bei Profi- und Hobbyköchen gleichermaßen beliebte Kochschule. Eines ihrer Spezialgebiete ist das Thema Fisch – und ihre raffinierten Rezepte für Gäste gelingen auch Anfängern auf Anhieb.

Die Temperaturstufen bei Gasherden variieren von Hersteller zu Hersteller. Welche Stufe Ihres Herdes der jeweils angegebenen Temperatur entspricht, entnehmen Sie bitte der Gebrauchsanweisung.

Die Fotografen

Michael Brauner, Food Fotografie
Nach Abschluß der Fotoschule in Berlin arbeitete er als Fotoassistent bei namhaften Fotografen in Frankreich und Deutschland und machte sich dann 1984 selbstständig. Sein individueller, atmosphärereicher Stil ist überall geschätzt: In der Werbung sowie bei vielen bekannten Verlagen. In seinen Studios in Karlsruhe und Gordes (Provence) setzt er die Rezepte zahlreicher GU-Titel stimmungsvoll ins Bild.

Studio und Archiv für Foodfotografie Teubner
Das von Christian Teubner 1962 gegründete Unternehmen genießt international größtes Ansehen. Christian Teubner – Fotograf, Koch und Gourmet – hat auf unzähligen Reisen durch alle Kontinente das Wesen der Landesküchen kennengelernt. In seinem Studio wird dieses Wissen in hochwertige Profi-Bücher umgesetzt. Besonderes Augenmerk legt er dabei auf die naturgetreue Wiedergabe der verwendeten Produkte. Das Fotoarchiv umfaßt eine der größten Sammlungen an warenkundlichen Aufnahmen weltweit.

Redaktion: Katharina Lisson, Sabine Sälzer, Cornelia Schinharl
Lektorat: Marlisa Szwillus
Warenkunde und Küchentechnik: Annette Heisch, Cornelia Schinharl
Beratung: Jürgen Groitl, Bergkristall Fischmarkt
Versuchsküche: Barbara Hagmann, Christine Hagmann-Beimes, Traute Hatterscheid, Dorothea Henghuber, Angela Hermann-Heene, Brigitte Kaiser, Doris Leitner, Renate Neis, Marianne Obermayr, Ina Schröter, Marianne Stadler, Stephanie von Werz

Typografie: Kraxenberger Kommunikation
Umschlaggestaltung: Studio Greif
Herstellung: Eva Hehemann
Titel, Innentitel, Kapitelaufmacher, Rezeptfotos: Michael Brauner
Sonstige Fotos:
Uli Franz (S. 8–9)
StockFood (S. 10–11, Rückseite großes Bild)
Studio und Archiv für Foodfotografie Teubner (alle anderen)

Satz und Reproduktion der Bilder auf S. 14–39: L & G 1000 GmbH, München
Reproduktionen: Longo, Bozen
Druck und Bindung: Mondadori, Verona
ISBN 3-7742-2254-1

Auflage	5.	4.	3.	2.	1.
Jahr	2000	99	98	97	96

Umschlag-Vorderseite: Stilleben mit Rotbarben und Meeresfrüchten
Umschlag-Rückseite: Pochierte Muscheln auf Gemüse (Rezept Seite 43), Forelle blau (Rezept Seite 101), Gefüllter Flußbarsch auf Tomaten (Rezept Seite 103)

Alle Rezeptaufnahmen entstanden auf Agfachrome 100 RS

Nachschlag gefällig?

Die GU Küchenbibliothek.

Wer gerne kocht und öfter mal was Neues probiert, will mehr wissen über Rezepte, Warenkunde und Küchentechniken. Dafür gibt es jetzt die „GU Küchen-Bibliothek“. Diese neue Reihe ist das Standardwerk für die Küche 2000. Sie beantwortet alle Fragen, die sich in der modernen Küche stellen.

Aktuell, ausführlich und mit appetitanregenden Fotos im neuartigen Stil – damit kein Erfolgsrezept verborgen bleibt.

Mit 20 Bänden ideal zum Sammeln und Verschenken.

29,80 DM

29,80 DM

29,80 DM

29,80 DM

Änderungen und Irrtümer vorbehalten.

Mehr draus machen
Mit Gräfe und Unzer

GU GRÄFE UND UNZER